J.-F. Mallet

SIMPLISSIME

DAS EINFACHSTE KOCHBUCH DER WELT

200 NEUE REZEPTE

Übersetzt von Karin Leonhart

EMF

EIN BUCH DER
EDITION MICHAEL FISCHER

M9

Dieses neue Buch ist die Antwort auf die Frage, die mir seit dem Erfolg der supereinfachen Methode tagtäglich gestellt wird.

„Ich liebe Ihr erstes Buch! Wann gibt es denn neue Rezepte für die tägliche Küche?“

Ideen zu haben, große oder kleine, die man weitergeben kann, wissen, wie man sich in der Küche neu erfindet, nur mit den paar Zutaten, die gerade im Kühlschrank oder im Vorratsschrank sind, da muss man sich so richtig den Kopf zerbrechen.

Mit diesem Buch möchte ich mit Ihnen neue, einfache und schnelle Rezepte für jeden Tag und für jeden Geschmack teilen.

Sie finden hier auch einige fantastische Dessertrezepte (aus meinem Einfachsten Dessertbuch der Welt), wie den Supersaftigen Schokokuchen, die Crème Caramel oder das Tiramisu.

Dank der Geschmacksvielfalt und der einfachen Zutaten ist es nicht schwer, gute kleine Gerichte zuzubereiten und sich dabei noch in Szene zu setzen, ohne stundenlang in der Küche stehen zu müssen.

Auch dieses zweite Buch ist supereinfach: drei bis höchstens sechs Zutaten auf Fotos, ein paar Zeilen Text, und dann nur noch kochen lassen ... fertig!

Ich wünsche Ihnen wunderbare Momente in Ihrer Küche, aber vor allem bei Tisch!

GEBRAUCHSANWEISUNG

In diesem Buch gehe ich davon aus, dass Sie Folgendes im Haus haben:

- fließendes Wasser
- einen Herd
- einen Kühlschrank
- eine Bratpfanne
- einen gusseisernen Schmortopf oder Bräter
- ein scharfes Messer
- eine Schere
- Salz und Pfeffer
- Öl

(falls nicht, wäre das jetzt vielleicht der richtige Moment zur Anschaffung!)

Grundzutaten

- **Konserven:** Thunfisch in Öl, Ölsardinen in der Dose, Kokosmilch und das unentbehrliche Trio von Tomatenkonserven (passierte Tomaten, Tomatenmark und stückige Tomaten).
- **Kräuter:** Frische Kräuter sind unvergleichlich, ihnen sollte man den Vorzug geben! Falls Sie mal wirklich keine frischen zur Hand haben, können Sie auch tiefgekühlte oder getrocknete verwenden (aber nur im Notfall).
- **Obst und Gemüse:** Frisch und saisonal am besten, aber Sie können auch Tiefkühlware verwenden. Bei Zitrusfrüchten sollte man immer zu Bioware greifen, vor allem, wenn die Schale mitverwendet wird.
- **Öle:** Olivenöl – natives Olivenöl ist das beste –, Haselnuss-, Sesam- und Walnussöl. Schon ein paar Tropfen können einem Gericht oder einem Dressing den richtigen Kick geben.
- **Gewürze:** Sie sind leicht zu verwenden und verleihen Gerichten exotische und aktuelle Geschmacksnoten, um Ihre Tischgenossen zu beeindrucken. In Ihrem Küchenschrank sollten Sie immer Curry, Kümmel, Safran und Paprika haben.
- **Nudeln:** Variieren Sie ruhig die in den Rezepten genannten Nudelsorten nach Ihrem Geschmack (und dem Inhalt Ihres Küchenschranks).
- **Würzen:** In meinem Küchenschrank finde ich immer Senf, Pesto und Tapenade, um in Nullkommanichts ein Abendessen retten zu können. Und auch Sojasauce: vorzugsweise japanische z. B. Kikkoman® (die mit dem grünen Verschluss ist nicht so salzig).

Küchentechniken

- **Nudeln kochen:** In einem großen Topf mit viel kochendem Salzwasser. Unbedingt auf die Garzeit achten, wenn Sie sie „al dente“ möchten.
- **Im Wasserbad zubereiten:** Mit dieser Technik kann man Lebensmittel kochen oder schmelzen, ohne dass etwas anbrennt oder verwässert. Stellen Sie das Gefäß mit der zu erwärmenden Masse in oder über einen größeren Topf mit kochend heißem Wasser.
- **Marinieren:** Etwas in eine Würzflüssigkeit legen, damit es aromatischer oder zarter wird.

- **Eiweiß zu Schnee schlagen:** Geben Sie 1 Prise Salz zum Eiweiß und verwenden Sie ein Handrührgerät, das Sie nach und nach auf die höchste Geschwindigkeitsstufe schalten. Dabei immer in dieselbe Richtung rühren, damit der Eischnee stabil wird.
- **Sahne schlagen:** Dazu müssen Sahne und Schüssel sehr kalt sein (stellen Sie die Schüssel vorher für einige Minuten ins Gefrierfach). Benutzen Sie ein elektrisches Handrührgerät.
- **Reduzieren:** Durch Einkochen bei starker Hitze (ohne Deckel auf dem Topf) den Wassergehalt einer Sauce oder Brühe verringern. Mit diesem Verfahren wird der Geschmack intensiver und die Masse sämiger.
- **Zitronenzesten herstellen:** Zitronenzesten kann man auf zwei Arten herstellen. Als Anfänger – und um sehr feine Zesten zu erhalten – schabt man die Zitronenschale am besten mit einer Käsereibe ab. Dabei reibt man über jede Stelle nur einmal, ohne die bitterstoffhaltige weiße Unterschicht mitzunehmen. Am besten schafft man sich aber einen hochwertigen Microplane-Zestenreißer an, der in jedem Küchenfachgeschäft zu bekommen ist.

Wichtige Utensilien

- **Elektrisches Handrührgerät:** Perfekt, um Eischnee oder Sahne zu schlagen. Man kann auch einen Schneebesen und Muskelkraft einsetzen, die sportliche Variante.
- **Pürierstab oder Stabmixer:** Er eignet sich zum Mixen von Flüssigkeiten (Suppen, Smoothies, Milchshakes). Sehr praktisch, nicht teuer, platzsparend und entlastet die Spülmaschine, da man das Mixgut nicht extra umfüllen muss.
- **Standmixer (amerik. „Blender"):** Teurer und sperriger als ein Pürierstab, sorgt er einerseits für eine sämigere, cremigere Konsistenz, verursacht andererseits aber auch mehr Spülaufkommen, man muss das Mixgut in den Mixbehälter umfüllen.

Backofentemperaturen

90 °C: Stufe 3	150 °C: Stufe 5	210 °C: Stufe 7	270 °C: Stufe 9
120 °C: Stufe 4	180 °C: Stufe 6	240 °C: Stufe 8	300 °C: Stufe 10

Das war's auch schon.
Für alles Übrige brauchen Sie sich nur an das Rezept zu halten!

SCHWEINSÖHRCHEN MIT RILLETTES

Blätterteig
1 Rolle

Rillettes
100 g

Senf
1 EL

: 4–5

Zubereitung: 10 Min.
Kühlzeit: 30 Min.
Backzeit: 20 Min.

- Den Backofen auf 200 °C vorheizen.
- Den **Blätterteig** mit dem Backpapier ausrollen. **Senf** und **Rillettes** auf dem Teig verstreichen.
- Teig von beiden Seiten Richtung Mitte straff zu Schweinsöhrchen einrollen. 30 Minuten kühl stellen.
- Dünne Scheiben abschneiden und auf ein mit Backpapier ausgelegtes Backblech geben.
- 20 Minuten im Ofen backen.

KÄSE-KÜMMEL-PLÄTZCHEN

Butter
100 g (weich)

Kümmelsamen
1 EL

geriebener Comté-Käse
150 g

Mehl
200 g

Zubereitung: 15 Min.
Kühlzeit: 30 Min.
Backzeit: 10 Min.

• Den Backofen auf 180 °C vorheizen.

• **Butter, Kümmel, Käse** und **Mehl** zu einem Teig verkneten und zu einer Rolle formen. In Frischhaltefolie für 30 Minuten kühl lagern.

• Scheiben abschneiden und auf ein mit Backpapier ausgelegtes Backblech legen. 10 Minuten backen. Schmecken warm und kalt.

MAKRELEN-SENF-DIP

Makrelen
1 Dose (in Senfsauce)

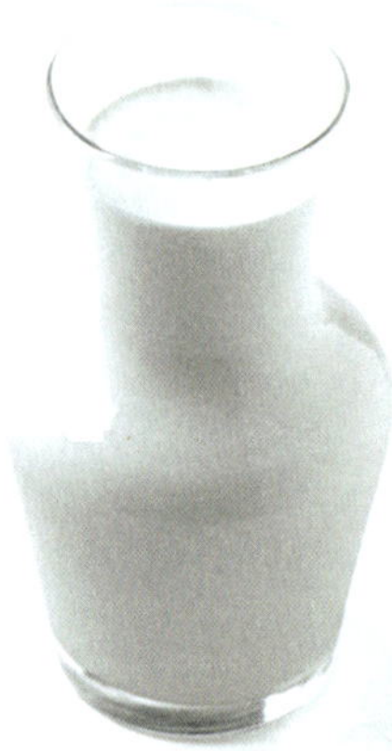

Sahne
100 ml

Estragon
5 Zweige

Radieschen
x 8

Baguette
x ¼

Gurke
x ¼

Zubereitung: 10 Min.

- Die **Makrelen** in der Sauce mit einer Gabel zerdrücken.
- **Sahne** aufschlagen und vorsichtig unter die Fischmasse ziehen. Den klein geschnittenen **Estragon** dazugeben. Sofort mit **Baguette**, **Gurkenschnitzen** und **Radieschen** servieren.

ZIEGENKÄSESCHNECKEN

Blätterteig
1 Rolle

getrockneter Thymian
1 EL

Ziegenkäserolle
x ½

flüssiger Honig
1 EL

: 4–5

Zubereitung: 10 Min.
Kühlzeit: 30 Min.
Backzeit: 20 Min.

• **Ziegenkäse** in kleine Stücke schneiden.

• **Blätterteig** ausrollen. **Käse**, **Thymian** und **Honig** darauf verteilen. Teig straff aufrollen, 30 Minuten im Kühlschrank ruhen lassen. In Scheiben schneiden.

• Den Backofen auf 200 °C vorheizen.

• Scheiben auf ein mit Backpapier belegtes Blech setzen und 20 Minuten backen.

PASTRAMI-RÖLLCHEN

Reisteigblätter
x 4 (groß)

Pastrami
4 Scheiben

Basilikum
30 Blätter

Rucola
40 g

Zitronengras
1 Stängel

Zubereitung: 15 Min.

• Das **Zitronengras** sehr fein schneiden. **Reisteigblätter** mit wenig Wasser anfeuchten und mit der glatten Seite nach unten auf die Arbeitsplatte legen.

• **Pastrami, Basilikum, Zitronengras** und **Rucola** auf den Blättern verteilen, straff aufrollen.

• In kleine Röllchen schneiden. Zum Aperitif servieren.

ROSMARINGRISSINI

Pizzateig
1 Rolle

Rosmarin
2 Zweige

Olivenöl
1 EL

geriebener Parmesan
2 EL

Zubereitung: 15 Min.
Backzeit: 10 Min.

• Den Backofen auf 180 °C vorheizen.
• **Pizzateig** ausrollen. Zerkleinerten **Rosmarin** und die Hälfte des **Parmesans** darauf verteilen
• Teig zu einer Kugel formen, erneut ausrollen. In Streifen schneiden, auf ein mit Backpapier ausgelegtes Backblech legen.
• Restlichen **Parmesan** sowie **Olivenöl** darübergeben und 10 Minuten backen.

SARDINEN-RILLETTES MIT BASILIKUM

Basilikum
10 Blätter

Ölsardinen
2 Dosen

Bio-Zitrone
x 1

portionierter Frischkäse
x 2

Weißbrotscheiben
x 16 (geröstet)

: 4–5

Zubereitung: 7 Min.

- Die **Sardinen** und die Hälfte des **Öls** mit einer Gabel vermengen. Mit zerkleinertem **Basilikum, Zitronensaft** und **-zesten** sowie dem **Frischkäse** mischen.
- **Weißbrotscheiben** dazu servieren.

SANDGEBÄCK MIT CHORIZO

Butter
100 g (weich)

Chorizo
50 g

Mehl
100 g

Parmesan
150 g

Zubereitung: 10 Min.
Kühlzeit: 15 Min.
Backzeit: 10 Min.

- Den Backofen auf 180 °C vorheizen.
- **Chorizo** in kleine Stücke schneiden.
- **Butter, Mehl, Parmesan** und **Chorizo** zu einem Teig verkneten. 15 Minuten kühl stellen.
- Teig zu kleinen Kugeln formen und auf ein mit Backpapier ausgelegtes Backblech legen.
- 10 Minuten im Ofen backen. Lauwarm oder kalt servieren.

MINI-PIZZEN MIT SCHINKEN

Pizzateig
1 Rolle

roher Schinken
4 Scheiben

geriebener Parmesan
1 EL

Salz, Pfeffer

Zubereitung: 10 Min.
Backzeit: 10 Min.

- Den Backofen auf 180 °C vorheizen.
- Den **Pizzateig** ausrollen und die **Schinkenstücke** darauf verteilen. Teig von zwei Seiten Richtung Mitte aufrollen. In 1 cm dicke Scheiben schneiden und auf ein mit Backpapier ausgelegtes Backblech setzen.
- Mit **Parmesan** bestreuen und 10 Minuten im Ofen backen. Lauwarm servieren.

SPARGELRÖLLCHEN MIT ORANGE

grüner Spargel
12 Stangen

Blätterteig
x 1

Bio-Orange
x 1

geriebener Parmesan
1 EL

Olivenöl
4 EL

: 4–5

Zubereitung: 10 Min.
Backzeit: 20 Min.

- Den Backofen auf 200 °C vorheizen.
- **Blätterteig** in 6 Streifen schneiden. Streifen teilen und in jeden 1 **Spargelstange** wickeln.
- Röllchen auf ein mit Backpapier ausgelegtes Backblech geben. Mit **Parmesan** bestreuen und 20 Minuten backen.
- **Orangensaft** und **-zesten** mit **Olivenöl** verrühren. Die Röllchen mit dem Dip servieren.

HÄHNCHEN-RILLETTES MIT TAPENADE

Hähnchenschenkel
x 2

Tapenade
2 EL

Weißwein
200 ml

getrockneter Thymian
2 TL

Weißbrotscheiben
x 16 (geröstet)

Salz, Pfeffer

1 EL neutrales Öl

Zubereitung: 5 Min.
Garzeit: 1 Std. 20 Min.

- **Hähnchen** in einem Bräter 5 Minuten in **Öl** anbraten. **Wein, Thymian** und 200 ml Wasser dazugeben. Bei niedriger Hitze 1 Stunde 15 Minuten mit Deckel schmoren.
- **Fleisch** vom Knochen lösen und zerkleinern. Mit **Tapenade** und dem Bratensaft vermengen. Salzen und pfeffern. Abkühlen lassen.
- Mit **Weißbrot** servieren.

GÄNSELEBER MIT SESAM UND MANDELN

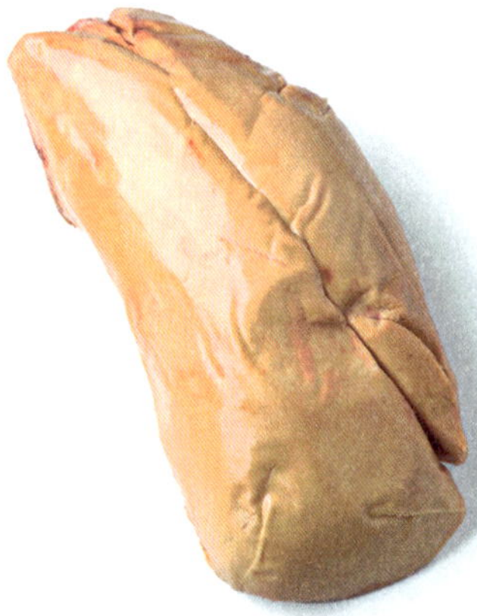

rohe Gänseleber
400 g (küchenfertig)

Zuckermandeln
x 5

Sesamsamen
1 EL

Sesamöl
1 TL

Salz, Pfeffer

Zubereitung: 10 Min.
Garzeit: 2 Min.
Kühlzeit: 12 Std.

- **Leber** mit Salz und Pfeffer einreiben, in eine Terrine drücken, mit Frischhaltefolie bedecken.
- 2 Minuten bei 800 W in die Mikrowelle geben. 2 Stunden kühl stellen.
- **Leber** in Würfel schneiden, mit den **Sesamsamen** und zerkleinerten **Zuckermandeln** bestreuen, mit **Sesamöl** beträufeln. Mit Holzstäbchen servieren.

AUSTERN MIT GÄNSELEBER

Austern
x 12

gekochte Gänseleber
60 g

geschroteter Pfeffer
1 TL

Balsamicoessig
2 EL

Zubereitung: 5 Min.
Backzeit: 7 Min.

• Den Backofen auf 200 °C vorheizen.
• **Austern** 5 Minuten in den Ofen geben, damit sie sich leichter öffnen lassen. Auf jede geöffnete Auster 1 Stück **Gänseleber** geben, mit **Pfeffer** bestreuen und für 2 Minuten in den Ofen geben.
• Austern mit **Balsamico** beträufeln. Sofort servieren.

GEFLÜGELLEBERPASTETE

Geflügelleber
300 g

Butter
150 g

roter Portwein
6 EL

Weißbrotscheiben
x 20 (geröstet)

Salz, Pfeffer

etwas neutrales Öl

Zubereitung: 5 Min.
Garzeit: 15 Min.
Kühlzeit: 3 Std.

- **Geflügelleber** in **Öl** anbraten, 5 Minuten garen. **Portwein** zugeben und weitere 5 Minuten garen.
- Herd ausschalten. **Butter** zufügen, schmelzen lassen. Salzen, pfeffern und alles mixen. In eine Terrine umfüllen.
- 3 Stunden kühl stellen. Mit **Weißbrot** servieren.

HASENPASTETE MIT PISTAZIEN

Hasenrücken
x 1 (ausgelöst)

zerkleinerte Pistazien
3 EL

Wurstbrät
300 g

Ei
x 1

Schweinenetz
40 g

Salz, Pfeffer

: 4–6

Zubereitung: 15 Min.
Backzeit: 45 Min.
Kühlzeit: 12 Std.

- Den Backofen auf 180 °C vorheizen.
- **Hasenfleisch** in Stücken, **Wurstbrät**, **Pistazien** und **Ei** vermengen. Salzen, pfeffern.
- **Schweinenetz** in einer Terrine auslegen, Fleischmasse hineindrücken. Netzränder darüberfalten. Nach Belieben mit 1 Bouquet garni dekorieren und 45 Minuten backen.
- 12 Stunden kühl stellen.

BLITZSCHNELLE WÜRZIGE LEBERPASTETE

rohe Gänseleber
400 g (küchenfertig)

Paprikapulver
1 EL

Cognac
2 EL

Salz, Pfeffer

Zubereitung: 5 Min.
Garzeit: 2 Min.
Kühlzeit: 12 Std.

- **Gänseleberstücke** salzen und pfeffern, rundum mit **Paprika** und **Cognac** würzen. Die Würze gut verteilen und die Leber in eine Terrine drücken.
- Mit Frischhaltefolie bedecken und bei 800 W 2 Minuten in der Mikrowelle garen. 12 Stunden kühl stellen. In dicken Scheiben servieren.

ENTENPASTETE MIT PFLAUMEN

Entenbrust
x 1

Wurstbrät
300 g

Cognac
50 ml

Trockenpflaumen
x 8 (entsteint)

Schweinenetz
40 g

Ei
x 1

Salz, Pfeffer

: 4–6

Zubereitung: 15 Min.
Marinieren: 20 Min.
Backzeit: 45 Min.
Kühlzeit: 12 Std.

- **Pflaumen** in Stücken 20 Minuten in **Cognac** legen. **Ente** klein schneiden. Alles mit **Ei** und **Brät** vermischen. Salzen und pfeffern.
- **Schweinenetz** in einer Terrine auslegen, Fleisch hineindrücken, Netzenden darüberfalten.
- 45 Minuten evtl. mit 1 Bouquet garni backen.
- 12 Stunden kühl stellen und dann servieren.

EXOTISCHE GÄNSELEBER

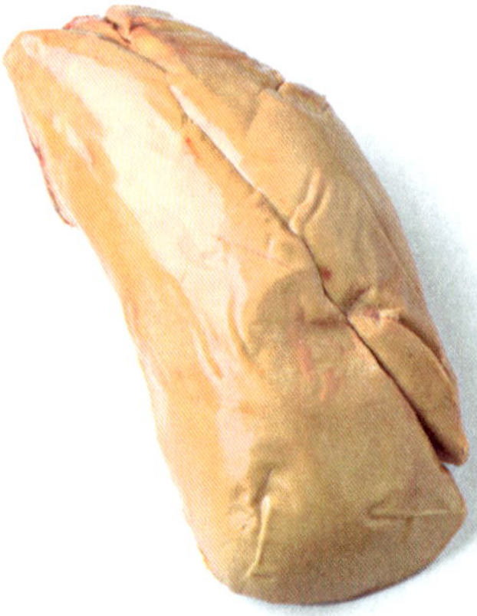

rohe Gänseleber
400 g (küchenfertig)

Basilikum
10 Blätter

Currypulver
1 EL

brauner Rum
2 EL (gereift)

Salz, Pfeffer

Zubereitung: 5 Min.
Garzeit: 2 Min.
Kühlzeit: 12 Std.

• **Gänseleber** salzen und pfeffern, **Rum** und **Curry** dazugeben. Gewürze aufstreuen und die Leber in eine Terrine drücken, dabei das **Basilikum** dazwischenlegen.

• Mit Frischhaltefolie bedecken und bei 800 W 2 Minuten in der Mikrowelle garen. 12 Stunden kühlen. In Scheiben servieren.

MUSCHELN MIT HIMBEER-VINAIGRETTE

Venusmuscheln
x 32 (gesäubert)

Basilikum
32 Blätter

Himbeeren
x 16

Himbeeressig
2 EL

Olivenöl
4 EL

Zubereitung: 5 Min.
Garzeit: 5 Min.

- **Venusmuscheln** in 150 ml Wasser bei starker Hitze 5 Minuten kochen, bis sie sich öffnen.
- Untere Schalenhälfte mit dem **Muschelfleisch** auf eine Platte legen.
- Zerkleinertes **Basilikum** und halbierte **Himbeeren** auf den Muscheln verteilen. **Essig** mit **Öl** mischen und darübergießen.
- Sofort servieren.

FRÜHLINGSROLLEN

Reisteigblätter
x 4 (groß)

rosa Garnelen
x 12 (gekocht und geschält)

Minze
35 Blätter (groß)

Gurke
150 g

Erdnüsse
4 EL

Sojasauce
4 EL

Zubereitung: 15 Min.

- **Gurke** in Stäbchen schneiden, die **Erdnüsse** grob hacken. **Reisteigblätter** mit wenig Wasser anfeuchten und auf die Arbeitsplatte legen.
- Auf jedes Teigblatt 3 **Garnelen**, 5 **Gurkenstäbchen**, 1 EL **Nüsse** und 7 **Minzeblätter** setzen. Ränder einschlagen, straff aufrollen.
- **Sojasauce** mit übriger **Minze** und übrigen **Nüssen** mischen, als Dip servieren.

AUSTERN MIT AVOCADO UND ROSA PFEFFER

Austern
x 8 (mittelgroß)

Zitrone
x 1 (Saft)

Avocado
x 1 (sehr reif)

Koriandergrün
½ Bund

rosa Pfeffer
1 EL

1 Spritzer Olivenöl

Zubereitung: 10 Min.
Backzeit: 5 Min.

- Den Backofen auf 180 °C vorheizen.
- **Austern** 5 Minuten in den Ofen stellen.
- Die **Avocado** schälen, das Fruchtfleisch zerdrücken. Mit **Zitronensaft** und zerkleinertem **Koriander** verrühren und auf die geöffneten Austern setzen.
- Mit **rosa Pfeffer** garnieren, mit etwas **Öl** beträufeln. Sofort servieren.

ENTEN-APRIKOSEN-ROLLEN

Reisteigblätter
x 4 (groß)

geräucherte Entenbrust
12 Scheiben

Aprikosen
x 4

Rucola
40 g

Zubereitung: 15 Min.

- Jede **Aprikose** in 6 Spalten schneiden.
- **Reisteigblätter** mit wenig Wasser anfeuchten und auf die Arbeitsplatte legen.
- **Entenbrust, Rucola** und **Aprikosenspalten** darauf verteilen und die Blätter straff aufrollen.
- Die Rollen im Ganzen oder zerteilt servieren.

LACHS IN KOKOS-BASILIKUM-MARINADE

Lachssteak
600 g (ohne Haut)

Bio-Limette
x 2

Kokosmilch
200 ml

Basilikum
1 Bund

Salz, Pfeffer

Zubereitung: 10 Min.
Marinieren: 5 Min.

• **Lachs** in Würfel schneiden und 5 Minuten in **Kokosmilch** mit abgeriebenen **Limettenschalen** und **Limettensaft** marinieren.

• Das zerkleinerte **Basilikum** dazugeben. Salzen, pfeffern und sofort servieren.

THUNFISCH-HEIDELBEER-CARPACCIO

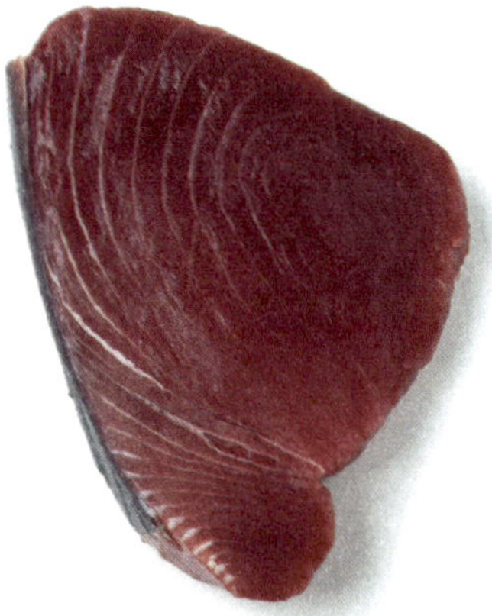

roter Thunfisch
400 g

Heidelbeeren
1 Schale (125 g)

Zitrone
x 1

Rucola
30 g

Olivenöl
2 EL

Salz, Pfeffer

Zubereitung: 10 Min.
Marinieren: 10 Min.

- **Thunfisch** in feine Scheiben schneiden und 10 Minuten im **Olivenöl** mit **Zitronensaft** marinieren.
- **Heidelbeeren** und den zerkleinerten **Rucola** dazugeben.
- Salzen, pfeffern und servieren.

LACHS-PASSIONSFRUCHT-CEVICHE

Lachssteak
x 2 (ohne Haut)

Minze
10 Blätter

Passionsfrüchte
x 4

Olivenöl
2 EL

Salz, Pfeffer

Zubereitung: 10 Min.
Marinieren: 5 Min.

- **Passionsfrüchte** halbieren, das Fruchtfleisch herauslösen und mit dem klein gewürfelten **Lachs** und **Olivenöl** vermischen. Salzen, pfeffern und 5 Minuten marinieren.
- Klein geschnittene **Minzeblätter** dazugeben.
- Ceviche in den Schalen der **Passionsfrüchte** servieren.

MELONENSALAT MIT RUCOLA UND SCHINKEN

Melonen
x 2

Rucola
80 g

roher Schinken
4 Scheiben

Olivenöl
4 EL

Balsamicoessig
4 TL

Salz, Pfeffer

Zubereitung: 5 Min.

- Die **Melonen** aushöhlen und das Fruchtfleisch klein schneiden.
- Mit **Schinkenstücken, Rucola, Essig** und **Olivenöl** vermengen.
- Salzen, pfeffern und in den Melonenschalen servieren.

AUBERGINENCREME MIT ZIEGENFRISCHKÄSE

Auberginen
x 2

Ziegenfrischkäse
150 g

Olivenöl
1 Schuss

Koriandergrün
1 Bund

Salz, Pfeffer

Zubereitung: 5 Min.
Backzeit: 40 Min.

- Den Backofen auf 180 °C vorheizen.
- **Auberginen** im Ganzen 40 Minuten garen. Fruchtfleisch auslösen. Abkühlen lassen, mit der Gabel zerdrücken und mit **Ziegenfrischkäse** vermengen. Salzen, pfeffern.
- **Koriander** und **Olivenöl** dazugeben.
- Dazu geröstetes Weißbrot reichen.

TOMATEN-MINZE-SALAT

Kirschtomaten
1 Packung (250 g)

Minze
2 Bund

Röstzwiebeln
2 EL

Zitronengras
2 Stängel

Olivenöl
4 EL

Salz, Pfeffer

Zubereitung: 10 Min.

- **Tomaten** halbieren. **Zitronengras** sehr klein schneiden, **Minzeblätter** abzupfen.
- 5 Minuten vor dem Servieren **Tomaten**, **Minze** und **Zitronengras** mit **Olivenöl** vermischen. Salzen, pfeffern.
- **Röstzwiebeln** darüber verteilen. Sofort servieren.

ANTIPASTO MIT BABY-TINTENFISCH

Baby-Tintenfische
x 15

getrockneter Oregano
2 TL

Zitronen
x 2 (Saft)

Kapernäpfel
x 20 (oder 60 g)

Olivenöl
8 EL

Zubereitung: 5 Min.
Garzeit: 15 Min.
Marinieren: 1 Std.

- **Tintenfische** in kochendes Salzwasser geben, aufkochen und bei schwacher Hitze 10 Minuten köcheln lassen. Abtropfen lassen.
- **Zitronensaft** mit 100 ml Kochwasser, **Oregano, Kapernäpfel** und **Olivenöl** vermischen. **Tintenfisch** dazugeben.
- Vor dem Servieren 1 Stunde ziehen lassen.

RUCOLA AUF VIETNAMESISCHE ART

Minze
2 Bund

Frühlingsrollen
x 8 (mit Schwein, mit Sauce)

Rucola
150 g

Zitronengras
2 Stängel

Salz, Pfeffer

Zubereitung: 5 Min.
Backzeit: 25 Min.

- Den Backofen auf 200 °C vorheizen.
- **Frühlingsrollen** 25 Minuten im Ofen backen.
- **Frühlingsrollen** in Stücke schneiden und lauwarm mit **Rucola**, zerkleinertem **Zitronengras**, **Minzeblättern** und **Frühlingsrollensauce** mischen.
- Sofort servieren.

MEXIKANISCHES THUNFISCHTATAR

roher roter Thunfisch
400 g

Avocado
x 1

Tortilla-Chips
x 15

Zitronen
x 2 (Saft)

Paprikapulver
1 EL

Koriandergrün
1 Bund

Salz, Pfeffer

Zubereitung: 10 Min.
Marinieren: 5 Min.

- **Avocado** schälen, würfeln und **Zitronensaft** dazugeben. Mit dem in Stücke geschnittenen **Thunfisch** und **Paprika** mischen. Salzen, pfeffern und 5 Minuten ziehen lassen. **Korianderblättchen** und **Tortilla-Chips** dazugeben.
- Alles vermischen und sofort servieren.

ERDBEER-TABOULÉ

Minze
1 Bund

Couscous
2 Gläser

Gurke
x ½

Olivenöl
5 EL

Erdbeeren
x 16

Salz, Pfeffer

Zubereitung: 5 Min.
Backzeit: 1 Min.

- **Couscous** in einer Schüssel mit 2 Gläsern Wasser mischen und 1 Minute bei 800 W in die Mikrowelle stellen.
- Abkühlen lassen und **Gurke** in Würfeln sowie **Erdbeeren** in Scheiben, die **Minzeblätter** und 5 EL **Olivenöl** dazugeben.
- Salzen, pfeffern, vermischen und servieren.

KRABBENSALAT MIT MANGO

Rucola
50 g

rosa Garnelen
x 16 (gekocht und geschält)

Mango
x 1

Krabbenchips
x 10

Salz, Pfeffer

etwas Olivenöl

Zubereitung: 10 Min.

• Die **Mango** schälen und das Fruchtfleisch in Würfel schneiden. Mit dem **Rucola** und den **Garnelen** vermengen. Salzen, pfeffern.

• Die zerkleinerten **Krabbenchips** dazugeben und mit **Olivenöl** beträufeln. Sofort genießen.

ZIEGENKÄSE-ZUCCHINI-PÄCKCHEN

Zucchini
x 1

Ziegenkäserolle
x 1

Minze
4 Zweige

Filoteigblätter
x 4

Pfeffer

4 EL Öl

Zubereitung: 5 Min.
Backzeit: 35 Min.

- Den Backofen auf 200 °C vorheizen.
- Jedes **Teigblatt** mit 1 EL **Öl** bestreichen.
- Die **Zucchini** in dünne Scheiben schneiden und mit dem **Ziegenkäse** sowie der **Minze** in der Mitte der **Teigblätter** verteilen. Pfeffern. **Teigblätter** zu Päckchen falten.
- 35 Minuten im Ofen backen. Herausnehmen und sofort servieren.

WARMER PROVENZALISCHER ZIEGENKÄSE

Toastbrot
4 Scheiben

Tomaten
x 2

Ziegenkäserolle
x 1

Basilikum
16 Blätter

Olivenöl
1 Schuss

Salz, Pfeffer

Zubereitung: 5 Min.
Backzeit: 15 Min.

- Den Backofen auf 180 °C vorheizen.
- **Tomaten** und **Ziegenkäse** in gleichmäßige Scheiben schneiden. Beides mit **Basilikum** auf den **Toastbrotscheiben** verteilen.
- Salzen, pfeffern, **Olivenöl** darübergeben und 15 Minuten im Ofen backen.

SPARGEL-CRUMBLE

Parmesanspäne
100 g

grüner Spargel
2 Bund

Butter
100 g (weich)

Mehl
100 g

Salz, Pfeffer

Zubereitung: 10 Min.
Backzeit: 25 Min.

- Den Backofen auf 200 °C vorheizen.
- **Mehl, Butter** und zerbröckelten **Parmesan** zu Streuseln verkneten.
- **Spargel** nicht schälen. In Stücke schneiden und auf vier Gratinförmchen verteilen. Mit den Streuseln bedecken.
- Salzen, pfeffern und 25 Minuten im Ofen backen. Heiß servieren.

GRATINIERTE AUSTERN MIT WURSTBRÄT

Wurstbrät
150 g

Austern
x 20 (mittelgroß)

Olivenöl
2 TL

geriebener Parmesan
20 g

Pfeffer

Zubereitung: 10 Min.
Backzeit: 13 Min.

- Den Backofen auf 180 °C vorheizen.
- Aus dem **Wurstbrät** 20 Bällchen formen.
- **Austern** 5 Minuten in den Ofen legen und dann öffnen. Auf jede **Auster** 1 Brätbällchen legen, etwas **Parmesan** und einige Tropfen **Olivenöl** darübergeben. Pfeffern.
- 8 Minuten überbacken und sofort servieren.

MIESMUSCHELN MIT KNOBLAUCH-PETERSILIE

Miesmuscheln
x 40 (große)

Butter
150 g (weich)

Petersilie
½ Bund

Knoblauch
5 Zehen

Zubereitung: 10 Min.
Garzeit: 8 Min.

- **Butter** mit gehackter **Petersilie** und gehacktem **Knoblauch** vermengen. **Muscheln** mit 150 ml Wasser bei starker Hitze kochen, bis sie sich öffnen. Abkühlen lassen, auslösen.
- Den Backofen auf 180 °C vorheizen.
- Jeweils 2 **Muscheln** in eine Schale geben und die **Butter** darauf verteilen.
- 3 Minuten überbacken. Sofort servieren.

GRATINIERTE MUSCHELN MIT KORIANDER

Venusmuscheln
x 48 (gut gesäubert)

Koriandergrün
2 Bund

Butter
160 g (weich)

Kirschtomaten
x 6

Zubereitung: 10 Min.
Garzeit: 8 Min.

- **Butter** mit gehacktem **Koriander** vermischen.
- **Muscheln** mit 150 ml Wasser stark kochen, bis sie sich öffnen. Abkühlen lassen, auslösen.
- Den Backofen auf 180 °C vorheizen.
- Jeweils 2 **Muscheln** in eine Schale legen, Butter und jeweils ¼ **Kirschtomate** daraufgeben. 3 Minuten im Ofen überbacken.

JAKOBSMUSCHELN IN KOKOSSUPPE

Jakobsmuscheln
x 8 (mit Corail)

grüne Erbsen
200 g (frisch oder tiefgekühlt)

rosa Garnelen
x 20 (gekocht und geschält)

Orangensaft
100 ml

Kirschtomaten
x 16

Kokosmilch
250 ml

Salz, Pfeffer

Zubereitung: 5 Min.
Garzeit: 3 Min.

• Die **Kirschtomaten** halbieren.

• Alle Zutaten – **Jakobsmuscheln, Erbsen, Garnelen, Saft, Kokosmilch** und **Tomaten** – vermischen und in einen Topf geben. Aufkochen und 3 Minuten kochen lassen.

• Salzen, pfeffern und servieren.

ERBSEN-KOKOS-SUPPE MIT SCHINKEN

roher Schinken
5 Scheiben

grüne Erbsen
600 g (frisch oder tiefgekühlt)

Kokosmilch
500 ml

Salz, Pfeffer

Zubereitung: 5 Min.
Garzeit: 5 Min.

• **Kokosmilch** in einen Topf geben, 4 **Schinkenscheiben** in kleinen Stücken und die **Erbsen** dazugeben. Aufkochen, ½ Minute kochen lassen. Mit Salz und Pfeffer im Mixer pürieren.

• Auf Suppenschalen verteilen. Die übrige **Schinkenscheibe** in Stücken darübergeben und sofort servieren.

TOMATEN-ERDBEER-MELONEN-GAZPACHO

Tomaten
x 4

Melone
x 1 (klein)

Erdbeeren
x 10

Basilikum
1 Bund

Salz, Pfeffer
etwas Olivenöl

Zubereitung: 5 Min.

• **Tomaten** vierteln. **Erdbeeren** putzen, **Melone** schälen, entkernen und in Stücke schneiden, die **Basilikumblätter** abzupfen.

• Alles im Mixer pürieren. Salzen, pfeffern und kühl stellen.

• Kalt mit einigen Tropfen **Olivenöl** beträufeln und mit **Basilikum** bestreuen.

SPARGEL-MINESTRONE

grüner Spargel
1 Bund

Hörnchennudeln
100 g

Kirschtomaten
x 20

Geflügelbrühe
1 Würfel

grüne Erbsen
200 g (frisch oder tiefgekühlt)

Salz, Pfeffer
etwas Olivenöl

Zubereitung: 5 Min.
Garzeit: 10 Min.

- **Spargel** in Stücke schneiden, mit **Brühwürfel, Nudeln,** halbierten **Tomaten, Erbsen** und 1 l Wasser in einen Topf geben.
- Aufkochen und 10 Minuten bei sanfter Hitze köcheln lassen. Salzen, pfeffern und mit **Olivenöl** beträufeln.

GARNELEN-WASSERMELONEN-SUPPE

Wassermelone
200 g

Minze
8 Blätter

rosa Garnelen
x 12 (gekocht und geschält)

Orangen
x 3 (Saft)

roter Früchtetee
350 ml (kalt)

Salz, Pfeffer

etwas Olivenöl

Zubereitung: 10 Min.

- **Orangensaft** mit dem **Tee** mischen. Die **Garnelen** in Stücke schneiden.
- Geschälte **Wassermelone** klein würfeln.
- **Garnelen** und **Melonenwürfel** auf Suppenschalen verteilen. **Minzeblätter** darübergeben.
- Die Tee-Saft-Mischung darübergießen, salzen, pfeffern und mit **Olivenöl** beträufeln.

ÜBERBACKENE BAUERNSUPPE

Karotten
x 3

Kartoffeln
x 2 (mittelgroß)

Lauch
x 1

Baguette
x ¼

Bauchspeck
100 g (gewürfelt)

geriebener Käse
50 g

Salz, Pfeffer

Zubereitung: 15 Min.
Kochzeit: 45 Min.
Backzeit: 10 Min.

- **Gemüse** waschen und klein schneiden. Mit **Bauchspeck** in 1,5 l Wasser zum Kochen bringen. 45 Minuten bei schwacher Hitze köcheln.
- Den Ofen bei Grillfunktion vorheizen.
- Suppe in eine Terrine füllen, **Baguettescheiben** darauflegen und mit **Käse** bestreuen.
- 10 Minuten im Ofen gratinieren.

SCHNELLE THAI-SUPPE

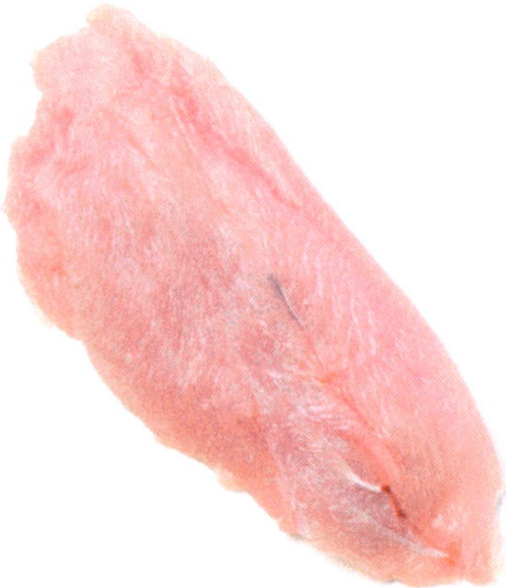

Putenschnitzel
x 3

Champignons
200 g (klein)

Zitronengras
2 Stängel

Kokosmilch
500 ml

rote Chilischote
x 1 (klein)

Salz, Pfeffer

Zubereitung: 5 Min.
Garzeit: 5 Min.
Ruhezeit: 10 Min.

• **Schnitzel** in Stücken mit **Kokosmilch, Champignons,** zerkleinertem **Zitronengras Chilischote** und 200 ml Wasser in eine Schüssel geben. Salzen und pfeffern. Mit Frischhaltefolie bedecken.

• 5 Minuten bei 800 W in der Mikrowelle garen. 10 Minuten ruhen lassen und servieren.

RAVIOLI MIT GÄNSELEBER UND KIRSCHEN

asiatischer Nudelteig
16 Blätter

Sauerkirschen
x 24 (tiefgekühlt)

Eier
x 1

Geflügelbrühe
500 ml

rohe Gänseleber
160 g (küchenfertig)

Pfeffer

Zubereitung: 15 Min.
Garzeit: 5 Min.

- **Teigblätter** mit verquirltem **Ei** bestreichen. Auf jedes Blatt 1 Stück **Gänseleber** geben. Teig einklappen und mit den Fingern festdrücken.
- **Brühe** und **Kirschen** in einem Topf aufkochen, Ravioli dazugeben und 1 Minute kochen lassen. In tiefe Teller verteilen, pfeffern und servieren.

RAVIOLI-LACHS-SUPPE

Räucherlachswürfel
90 g

Gurke
x ¼

Geflügelbrühe
600 ml

Ravioli
250 g (tiefgekühlt)

Pfeffer

Zubereitung: 15 Min.
Garzeit: 5 Min.
Wartezeit: 2 Min.

- **Ravioli, Lachswürfel** und **Gurke** in Würfeln in vier Suppenschalen verteilen.
- Die **Brühe** aufkochen und kochend heiß in die Schalen gießen. Pfeffern, 2 Minuten stehen lassen und servieren.

ZIEGENKÄSE-RAVIOLI MIT BASILIKUM

asiatischer Nudelteig
16 Blätter

Basilikum
1 Bund

Ei
x 1

Ziegenkäsetaler
x 3

Pfeffer

etwas Olivenöl

Zubereitung: 15 Min.
Garzeit: 5 Min.

• **Teigblätter** mit verquirltem Ei bestreichen. Auf jedes Blatt 1 Stück **Ziegenkäse** und 1 **Basilikumblatt** geben. Teig einklappen, gut festdrücken.

• Die Ravioli für 2 Minuten in kochendes Wasser geben. Abtropfen lassen, pfeffern. Restliches **Basilikum** und **Öl** darübergeben.

NUDELSALAT MIT OLIVEN UND THUNFISCH

Farfalle
250 g

gemischte Kräuter
1 Bund

Thunfisch in Öl
1 Dose

Tapenade
3 EL

Salz, Pfeffer

Zubereitung: 5 Min.
Garzeit: 10 Min.

- Salzwasser zum Kochen bringen, die **Farfalle** al dente kochen. Abtropfen und abkühlen lassen. Mit dem **Thunfisch** und dem **Öl** aus der Dose, den zerkleinerten **Kräutern** und der **Tapenade** vermischen.
- Salzen, pfeffern und servieren.

ZUCCHINI-SCHINKEN-LASAGNE

Lasagne-Teigblätter
x 6

roher Schinken
5 Scheiben

Zucchini
x 2

geriebener Parmesan
2 EL

Mozzarella
2 Kugeln

stückige Tomaten
1 große Dose (800 g)

Salz, Pfeffer

: 4–5

Zubereitung: 15 Min.
Backzeit: 45 Min.

- Den Backofen auf 200 °C vorheizen.
- Die **Zucchini** in dünne Scheiben, den **Mozzarella** in Scheiben schneiden. Zucchini, **Tomaten**, Mozzarella, halbierte **Schinkenscheiben** und **Nudelblätter** in einer Auflaufform schichten.
- Mit **Parmesan** bestreuen und 45 Minuten backen.

SPAGHETTI ALLA PUTTANESCA

Spaghetti
350 g

stückige Tomaten
1 große Dose (800 g)

schwarze Oliven
x 20 (griechische, in Lake)

Anchovis in Öl
1 Dose (ca. 14 Filets)

Kapern
3 EL

Zubereitung: 10 Min.
Garzeit: 10 Min.

• Die **Tomaten, Oliven, Kapern** und **Anchovis** mit dem **Öl** in einer Pfanne bei schwacher Hitze 10 Minuten garen.

• Inzwischen die **Spaghetti** in Salzwasser al dente kochen. Abtropfen lassen, zu der Sauce geben, alles vermischen und servieren.

PENNE MIT WURST

Penne
350 g

stückige Tomaten
1 große Dose (800 g)

Bouquet garni
x 2

Räucherwurst
x 2

Knoblauchpulver
1 TL

Salz, Pfeffer

1 EL neutrales Öl

Zubereitung: 10 Min.
Garzeit: 17 Min.

• Klein geschnittene **Wurst** in einer Pfanne in 1 EL **Öl** anbraten. **Tomaten, Bouquet garni** und **Knoblauchpulver** dazugeben. Unter Rühren 15 Minuten bei schwacher Hitze köcheln lassen.

• Inzwischen **Penne** in Salzwasser al dente kochen. Abtropfen lassen, zu der heißen Sauce geben, salzen und pfeffern.

SPAGHETTI MIT SARDINEN

Spaghetti
350 g

Ölsardinen
2 Dosen (mit Zitrone)

Bio-Limetten
x 3

frischer Spinat
3 Handvoll

Zwieback
x 5

Zubereitung: 10 Min.
Garzeit: 15 Min.

• **Spaghetti** in Salzwasser al dente kochen, abtropfen lassen. Mit 1 EL Kochwasser, **Sardinen** mit ihrem **Öl**, zerbröseltem **Zwieback** sowie **Limettensaft** und **-zesten** in eine Pfanne geben. Salzen, pfeffern und unter Rühren 5 Minuten kochen. Vom Herd nehmen, den **Spinat** zugeben und servieren.

SCHNELLE PENNE ALL'ARRABBIATA

stückige Tomaten
1 kleine Dose (400 g)

Penne
350 g

Chorizo
x ½

geriebener Parmesan
4 EL

Tomaten
x 2

Auberginen
x 2 (kleine)

Salz, Pfeffer

Zubereitung: 5 Min.
Ruhezeit: 10 Min.
Garzeit: 15 Min.

- **Penne,** in Scheiben geschnittene **Chorizo,** klein geschnittene **Tomaten** und **Auberginen, stückige Tomaten** und 150 ml Wasser in eine Mikrowellenschüssel geben. Mit Frischhaltefolie bedecken und 15 Minuten bei 800 W in der Mikrowelle garen.
- Den **Parmesan** über den Nudeln verteilen und servieren.

NUDEL-THUNFISCH-GRATIN

Fusilli
350 g

eingelegte Paprikaschote
250 g (Glas)

Thunfisch in Öl
1 Dose

geriebener Cheddar
40 g

Mozzarella
2 Kugeln

getrockneter Oregano
1 EL

Salz, Pfeffer

Zubereitung: 10 Min.
Backzeit: 25 Min.

- Den Backofen auf 200 °C vorheizen.
- Die **Fusilli** in Salzwasser al dente kochen. Abtropfen lassen. Mit klein geschnittener **Paprikaschote, Oregano, Thunfisch** und seinem **Öl** sowie **Mozzarella** in Stücken in eine Auflaufform geben.
- Den **Cheddar** dazugeben und 25 Minuten überbacken.

GRATINIERTE GNOCCHI ALL'ARRABBIATA

stückige Tomaten
1 kleine Dose (400 g)

Gnocchi
(Fertigprodukt, 1 kg)

Chorizo
8 Scheiben

geriebener Parmesan
4 EL

Pfeffer

Zubereitung: 5 Min.
Backzeit: 15 Min.

- Den Backofen auf 200 °C vorheizen.
- **Gnocchi, Chorizo** und **Tomaten** in einer Ofenform vermischen. Den **Parmesan** darübergeben und 15 Minuten im Ofen backen.
- Pfeffern und servieren.

PENNE MIT JAKOBSMUSCHELN UND SAFRAN

Penne
350 g

Jakobsmuscheln
x 12 (mit Corail)

Sahne
330 ml

Safran
10 Fäden (oder 1 Döschen)

Basilikum
1 Bund

Salz, Pfeffer

1 EL neutrales Öl

Zubereitung: 10 Min.
Garzeit: 14 Min.

- **Jakobsmuscheln** in einer Pfanne in 1 EL **Öl** 1 Minute anbraten. **Sahne, Safran** und **Basilikumblätter** dazugeben und 2 Minuten bei schwacher Hitze köcheln lassen. **Penne** in Salzwasser al dente kochen.
- Abtropfen lassen und zur heißen Sauce geben. Salzen, pfeffern und servieren.

SCHWARZE PAELLA MIT TINTENFISCH

Kalmare
500 g (küchenfertig)

Paellareis
400 g

Tintenfischtinte
3 Beutel

Geflügelbrühe
1 l

getrockneter Oregano
1 EL

Olivenöl
4 EL

Zubereitung: 5 Min.
Backzeit: 45 Min.

- Den Backofen auf 180 °C vorheizen.
- **Reis, Brühe, Oregano, Tinte** und **Kalmare** in großen Stücken in eine weite Ofenform oder eine Paellapfanne geben.
- **Olivenöl** aufträufeln. 45 Minuten in den Ofen geben. In der Form servieren.

SPARGELRISOTTO

Arborioreis
300 g (Risottoreis)

grüner Spargel
1 Bund

Weißwein
300 ml

Geflügelbrühe
500 ml

geriebener Parmesan
50 g

Pfeffer

Zubereitung: 5 Min.
Garzeit: 20 Min.

- **Spargel** nicht schälen, in Stücke schneiden. Mit **Reis, Brühe** und **Wein** in einen Topf geben. Unter Rühren bei schwacher Hitze 20 Minuten köcheln lassen.
- **Parmesan** und Pfeffer dazugeben, umrühren und sofort servieren.

PAELLA MIT HÄHNCHEN

Paellareis
400 g

Miesmuscheln
x 30 (gesäubert)

rote Paprikaschote
x 1

Chorizo
x ½

Hühnerschenkel
x 2 (halbiert)

Safran
2 Döschen (à 0,1 g)

Pfeffer

Zubereitung: 5 Min.
Backzeit: 45 Min.

- Den Backofen auf 180 °C vorheizen.
- **Reis, Hähnchen, Paprikaschote** in Stücken, **Chorizo** in Scheiben, 1 l Wasser und **Safran** in eine weite Ofenform füllen. Pfeffern und vermischen.
- 35 Minuten im Ofen garen. Die **Muscheln** untermischen und weitere 10 Minuten garen. Sofort servieren.

RISOTTO MIT JAKOBSMUSCHELN

Arborioreis
300 g (Risottoreis)

Jakobsmuscheln
800 g (mit Corail)

Weißwein
300 ml

Geflügelbrühe
500 ml

Safran
2 Döschen (à 0,1 g)

Salz, Pfeffer

Zubereitung: 5 Min.
Garzeit: 20 Min.

• **Reis, Brühe, Safran** und **Wein** in einen Topf füllen. Unter Rühren bei schwacher Hitze 15 Minuten köcheln lassen.

• **Jakobsmuscheln** dazugeben und weitere 5 Minuten unter Rühren köcheln lassen. Salzen, pfeffern und servieren.

ZUCCHINI-TARTE MIT ZIEGENKÄSE

Mürbeteig
1 Rolle

Zucchini
x 2 (500 g)

Ziegenkäsetaler
x 2

Eier
x 1

getrockneter Oregano
1 EL

Salz, Pfeffer

Zubereitung: 10 Min.
Backzeit: 45 Min.

- Den Backofen auf 180 °C vorheizen.
- **Zucchini** klein raspeln. Mit verrührtem **Ei, Oregano** und **Ziegenkäse** in Stücken in einer Schüssel vermischen. Salzen und pfeffern.
- **Teig** in eine mit Backpapier ausgelegte Tarteform geben, überstehenden Rand abschneiden. Zucchinimasse einfüllen und 45 Minuten backen.

BURGER-PIZZA

Pizzateig
1 Rolle

stückige Tomaten
4 EL

geriebener Cheddar
1 Handvoll

Rinderhackfleisch
125 g

Räucherspeck
3 dünne Scheiben

etwas Olivenöl

Zubereitung: 5 Min.
Backzeit: 25 Min.

- Den Backofen auf 200 °C vorheizen.
- **Pizzateig** auf ein mit Backpapier ausgelegtes Blech legen. **Tomaten** darauf verteilen, **Hackfleisch** zu Bällchen formen und mit **Speck** sowie **Cheddar** ebenfalls auf den Teig geben.
- Ränder umschlagen. 25 Minuten backen.
- Mit **Olivenöl** beträufeln.

PISSALADIÈRE MIT WURST UND PARMESAN

Pizzateig
1 Rolle

rote Zwiebeln
x 4

geriebener Parmesan
4 EL

Chipolata-Würstchen
x 4 (roh)

2 EL neutrales Öl + 1 Schuss Olivenöl

Zubereitung: 10 Min.
Schmorzeit: 25 Min.
Backzeit: 15 Min.

- Den Backofen auf 200 °C vorheizen.
- Klein geschnittene **Zwiebeln** mit 2 EL **Öl** und **Bratwurst** in Stücken 25 Minuten bei schwacher Hitze schmoren.
- **Pizzateig** auf ein mit Backpapier ausgelegtes Blech legen. Die Masse darauf verteilen und mit **Parmesan** bestreuen.
- 15 Minuten backen, mit **Olivenöl** beträufeln.

PIZZA MIT BIRNE UND CHORIZO

Pizzateig
1 Rolle

Chorizo
10 Scheiben

Parmesanspäne
50 g

Birne
x 1

Pfeffer

etwas Olivenöl

Zubereitung: 10 Min.
Backzeit: 25 Min.

- Den Backofen auf 200 °C vorheizen.
- **Birne** schälen und in Scheiben schneiden. **Chorizoscheiben** halbieren.
- **Pizzateig** auf ein mit Backpapier ausgelegtes Blech legen. **Birne** und **Chorizo** abwechselnd aufschichten, **Parmesan** darübergeben.
- 25 Minuten backen. Pfeffern und mit **Olivenöl** beträufeln.

GEMÜSE-PIZZA

Pizzateig
1 Rolle

rote Paprikaschote
x 1

Champignons
x 10

getrockneter Oregano
1 EL

geriebener Käse
60 g

Zucchini
x 2

Salz, Pfeffer

Zubereitung: 5 Min.
Backzeit: 25 Min.

- Den Backofen auf 180 °C vorheizen.
- **Pizzateig** auf ein mit Backpapier ausgelegtes Blech legen.
- **Zucchini** und **Champignons** in Scheiben sowie **Paprikaschote** in Streifen mit **Oregano,** Salz und Pfeffer vermengen und auf dem **Pizzateig** verteilen. Geriebenen **Käse** aufstreuen.
- 25 Minuten backen.

SCHINKEN-KÄSE-PIZZA

Pizzateig
1 Rolle

Apfel
x 1

Reblochon
x ½

roher Schinken
2 Scheiben

Pfeffer

Zubereitung: 10 Min.
Backzeit: 25 Min.

- Den Backofen auf 200 °C vorheizen.
- Den **Pizzateig** auf ein mit Backpapier ausgelegtes Blech legen. Den geschälten **Apfel** in Spalten, den **Reblochon** und den **Schinken** in Stücke schneiden, auf den Teig geben. Teigrand umschlagen. 25 Minuten im Ofen backen.
- Pfeffern und warm servieren.

PIZZA MIT KÜRBIS UND KLÖSSCHEN

Pizzateig
1 Rolle

Kürbis
400 g

geriebener Parmesan
50 g

Wurstbrät
250 g

getrockneter Oregano
1 EL

etwas Olivenöl

Zubereitung: 10 Min.
Backzeit: 25 Min.

- Den Backofen auf 200 °C vorheizen.
- Den **Pizzateig** auf ein mit Backpapier ausgelegtes Blech legen. Klein gewürfelten **Kürbis** und das zu Bällchen geformte **Wurstbrät** darauf verteilen. Mit **Parmesan** und **Oregano** bestreuen.
- 25 Minuten backen, mit **Olivenöl** beträufeln.

PIZZA HAWAII

Pizzateig
1 Rolle

stückige Tomaten
5 EL

Ananas
x ½

Chorizo
6 Scheiben

geriebener Parmesan
2 EL

etwas Olivenöl

Zubereitung: 15 Min.
Backzeit: 25 Min.

- Den Backofen auf 200 °C vorheizen.
- **Pizzateig** auf ein mit Backpapier ausgelegtes Blech legen. **Tomaten** darauf verteilen, die **Ananas** in kleinen Stücken und geviertelte **Chorizoscheiben** darauflegen. Mit **Parmesan** bestreuen und 25 Minuten im Ofen backen.
- Mit **Olivenöl** beträufeln.

PIZZA MIT FRISCHEN TOMATEN

Pizzateig
1 Rolle

Kirschtomaten
x 40

Mozzarella
2 Kugeln

Basilikum
1 Bund

Salz, Pfeffer

etwas Olivenöl

Zubereitung: 10 Min.
Backzeit: 25 Min.

- Den Backofen auf 200 °C vorheizen.
- **Pizzateig** auf ein mit Backpapier ausgelegtes Blech legen, die Ränder leicht einschlagen.
- **Mozzarella** in Scheiben darauf verteilen und 25 Minuten backen.
- **Tomaten** vierteln und mit **Basilikum,** Salz und Pfeffer auf den Teig geben. Mit **Olivenöl** beträufeln.

FLAMMKUCHEN MIT SAUERKRAUT

Mürbeteig
1 Rolle

Wiener Würstchen
x 4

Kümmelgouda
50 g

gekochtes Sauerkraut
2 Handvoll (100 g)

Crème fraîche
2 EL

Zubereitung: 5 Min.
Backzeit: 25 Min.

- Den Backofen auf 200 °C vorheizen.
- **Mürbeteig** ausrollen und auf ein mit Backpapier ausgelegtes Blech legen. **Crème fraîche** darauf verteilen. **Sauerkraut** und längs geteilte **Würstchen** daraufsetzen. Geriebenen **Gouda** darüberstreuen.
- 25 Minuten im Ofen backen.

SCHINKEN-SENF-PIZZA

Pizzateig
1 Rolle

roher Schinken
5 Scheiben (dünn)

Senf
3 EL

Spinatblätter
30 g

griechischer Joghurt
x 1

Pfeffer

etwas Olivenöl

Zubereitung: 5 Min.
Backzeit: 25 Min.

- Den Backofen auf 200 °C vorheizen.
- **Pizzateig** auf ein mit Backpapier ausgelegtes Blech legen. **Senf** und **Joghurt** verrühren und auf dem Teig verteilen. **Schinken** darauflegen. Pfeffern und 25 Minuten im Ofen backen.
- **Spinatblätter** auflegen und die Pizza mit **Olivenöl** beträufeln.

BLUTWURST-APFEL-TASCHE

Blätterteig
x 1

Apfel
x 1

Kartoffel
x 1 (groß)

Blutwurst
300 g

getrockneter Thymian
1 EL

Salz, Pfeffer

Zubereitung: 10 Min.
Backzeit: 45 Min.

- Den Backofen auf 200 °C vorheizen.
- **Pizzateig** auf ein mit Backpapier ausgelegtes Blech legen. **Wurst, Kartoffel** und **Apfel** jeweils in Scheiben mit **Thymian** auf einer Teighälfte verteilen. Pfeffern, salzen.
- Die andere Hälfte darüberklappen, den Rand mit einer Gabel festdrücken. 45 Minuten im Ofen backen.

KARTOFFEL-ZUCCHINI-GRATIN

Zucchini
x 2

Kartoffeln
x 2 (groß)

Sahne
330 ml

geriebener Käse
50 g

Salz, Pfeffer

Zubereitung: 5 Min.
Backzeit: 45 Min.

- Den Backofen auf 200 °C vorheizen. **Kartoffeln** und **Zucchini** in feine Scheiben schneiden.
- In einer Schüssel mit **Sahne** und **Käse** vermischen, salzen und pfeffern. Scheiben stehend in eine Auflaufform schichten und 45 Minuten im Ofen backen.

TOMATEN MIT ZIEGENKÄSE UND SCHINKEN

Ziegenkäsetaler
x 2

Tomaten
x 4

roher Schinken
2 Scheiben

Pfeffer

etwas Olivenöl

Zubereitung: 5 Min.
Backzeit: 20 Min.

• Den Backofen auf 200 °C vorheizen.

• Von den **Tomaten** einen Deckel abschneiden. Aushöhlen und mit je ½ Scheibe **Schinken** und ½ **Ziegenkäsetaler** füllen. Deckel wieder aufsetzen. 20 Minuten im Ofen backen.

• Pfeffern und mit **Olivenöl** beträufeln.

GEFÜLLTE AUBERGINEN

Chorizo
10 Scheiben

Auberginen
x 3

Mozzarella
3 Kugeln

Pfeffer

etwas Olivenöl

: 4–5

Zubereitung: 5 Min.
Backzeit: 45 Min.

- Den Backofen auf 180 °C vorheizen.
- Halbierte **Auberginen** in eine Ofenform geben. Auf jede Hälfte abwechselnd je 2 Scheiben **Mozzarella** und 4 halbierte **Chorizoscheiben** schichten. Pfeffern und alles mit 200 ml Wasser beträufeln.
- 45 Minuten im Ofen backen. Mit **Olivenöl** beträufeln.

SÜSSKARTOFFELN MIT PARMESAN

Süßkartoffel
x 1 (groß)

geriebener Parmesan
50 g

Salz, Pfeffer

etwas neutrales Öl

Zubereitung: 10 Min.
Backzeit: 10 Min.

- Den Backofen auf 180 °C vorheizen.
- **Süßkartoffel** schälen und in Pommes-Stäbchen schneiden. Auf ein mit Backpapier belegtes Backblech legen. Salzen, pfeffern, den **Parmesan** und einige Tropfen **Öl** darübergeben.
- 10 Minuten im Ofen backen, lauwarm abkühlen lassen, mit dem **Parmesan** bestreuen.

PAPRIKASCHOTEN MIT FETAFÜLLUNG

Paprikaschoten
x 4

Feta
2 Päckchen (200 g)

Tomaten
x 4

Kräuter der Provence
4 EL

etwas Olivenöl

Zubereitung: 5 Min.
Backzeit: 45 Min.

- Den Backofen auf 200 °C vorheizen.
- Die **Paprikaschoten** halbieren, putzen und die Schoten mit einer Mischung aus zerdrücktem **Feta,** den in Stücke geschnittenen **Tomaten** und **Kräutern** füllen. **Olivenöl** aufträufeln.
- 45 Minuten im Ofen backen.

KARTOFFELN MIT SPECK

Kartoffeln
x 12 (mittelgroß)

Räucherspeck
16 Scheiben

Pfeffer

Zubereitung: 15 Min.
Backzeit: 25 Min.

- Den Backofen auf 180 °C vorheizen.
- **Kartoffeln** waschen und ungeschält in große Schnitze schneiden. **Kartoffeln** mit **Speck** umwickeln.
- Auf ein mit Backpapier ausgelegtes Blech geben, pfeffern und 25 Minuten im Ofen backen.

ORIENTALISCHE PFEFFERSCHOTEN

grüne Pfefferschoten
x 6

eingelegte Zitronen
x 2

Wurstbrät
250 g

Couscous
2 EL

stückige Tomaten
1 kleine Dose (400 g)

Salz, Pfeffer

Zubereitung: 10 Min.
Backzeit: 25 Min.

- Den Backofen auf 200 °C vorheizen.
- **Zitronen** klein würfeln und mit **Wurstbrät** und **Couscous** vermischen. **Pfefferschoten** längs teilen, putzen und die Füllung in die Schoten geben. **Tomaten** in eine Ofenform geben, die **Schoten** hineinsetzen.
- Salzen, pfeffern. 25 Minuten im Ofen backen.

ZUCCHINI MIT FENCHEL UND ZIEGENKÄSE

Zucchini
x 2

Ziegenkäserolle
x 1

Fenchelknolle
x 1

roher Schinken
2 Scheiben

Pfeffer

1 EL neutrales Öl

Zubereitung: 5 Min.
Garzeit: 25 Min.

• **Zucchini** und **Fenchel** in dünne Scheiben schneiden. In einer Pfanne mit 1 EL **Öl** unter gelegentlichem Rühren 15 Minuten dünsten.
• **Schinken** und geviertelten **Ziegenkäse** dazugeben und weitere 10 Minuten bei schwacher Hitze köcheln lassen. Pfeffern und servieren.

ÜBERBACKENER CHICORÉE MIT CHORIZO

Chicorée
x 5

Chorizo
10 Scheiben (dünn)

geriebener Käse
50 g

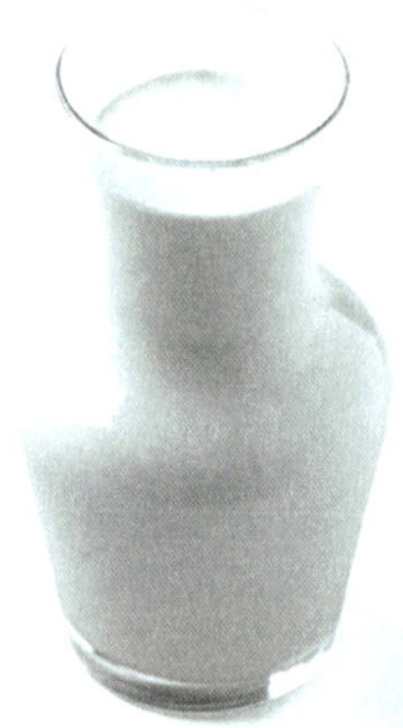

Sahne
200 ml

Pfeffer

: 4–5

Zubereitung: 5 Min.
Backzeit: 30 Min.

- Den Backofen auf 200 °C vorheizen.
- **Chicorée** längs teilen. Um jedes **Chicoréestück** 1 Scheibe **Chorizo** wickeln, in eine Auflaufform setzen. **Sahne** und **Käse** verrühren. Die Sahne-Käse-Mischung über den **Chicorée** gießen. Pfeffern und 30 Minuten im Ofen backen.

TOMATEN AUF ITALIENISCHE ART

Roma-Tomaten
x 8

Mozzarella
2 Kugeln

roher Schinken
4 Scheiben

Basilikum
1 Bund (24 große Blätter)

Salz, Pfeffer

etwas Olivenöl

Zubereitung: 15 Min.
Backzeit: 20 Min.

- Den Backofen auf 170 °C vorheizen.
- **Tomaten** dreimal einschneiden, **Schinken** und **Mozzarella** in je 24 Stücke teilen. In jeden Einschnitt **Mozzarella, Schinken** und **Basilikum** stecken.
- **Tomaten** in eine Auflaufform setzen, salzen, pfeffern und 20 Minuten backen. Mit **Öl** beträufeln. Kalt oder warm servieren.

MOUSSAKA

Rinderhackfleisch
400 g

Auberginen
x 2

geriebener Käse
50 g

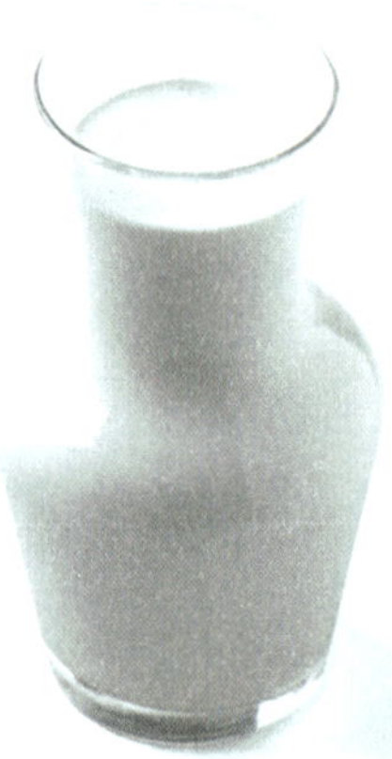

Sahne
100 ml

stückige Tomaten
1 kleine Dose (400 g)

Salz, Pfeffer

Zubereitung: 5 Min.
Backzeit: 1 Std.

- Den Backofen auf 180 °C vorheizen.
- **Auberginen** in dünne Scheiben schneiden. Zusammen mit einer Mischung aus **Hackfleisch, Tomaten, Käse** und **Sahne** in eine Auflaufform betten. Salzen und pfeffern.
- 1 Stunde im Ofen backen. Sofort servieren.

BLUMENKOHL IM TEIGMANTEL

Pizzateig
1 Rolle

roher Schinken
4 Scheiben

Blumenkohl
x 1 (mittelgroß)

getrockneter Thymian
2 EL

Cheddar
6 Scheiben

Salz, Pfeffer

Zubereitung: 15 Min.
Garzeit: 1 Std.

- Ganzen **Blumenkohl** 20 Minuten in Salzwasser kochen, abgießen, abkühlen lassen.
- Den Backofen auf 180 °C vorheizen.
- **Kohl** mehrfach einschneiden. **Schinken-** und **Cheddarscheiben** in die Einschnitte stecken, **Thymian** aufstreuen. Salzen, pfeffern.
- **Kohl** in den **Teig** wickeln, Teignaht gut verschließen. 40 Minuten backen. Heiß servieren.

RATATOUILLE MIT FRIKADELLEN UND EIERN

Aubergine
x 1

Eier
x 6

Tomaten
x 4

Wurstbrät
400 g

Zucchini
x 2

Salz, Pfeffer

: 4–6

Zubereitung: 10 Min.
Backzeit: 40 Min.

- Den Backofen auf 200 °C vorheizen.
- Aus dem **Wurstbrät** 12 Bällchen formen. **Aubergine, Tomaten** und **Zucchini** waschen und klein schneiden. Alles in einer Auflaufform verteilen. Salzen, pfeffern. 35 Minuten im Ofen backen.
- Die **Eier** darüber aufschlagen, weitere 5 Minuten backen und servieren.

OFENKARTOFFELN MIT COPPA

Coppa
8 Scheiben (dünn, 100 g)

Kartoffeln
x 2 (groß)

Rosmarin
2 Zweige

geriebener Parmesan
30 g

Zubereitung: 5 Min.
Garzeit: 35 Min.

- Den Backofen auf 180 °C vorheizen.
- **Kartoffeln** waschen und mit Schale 10 Minuten überbrühen. Halbieren und in eine Auflaufform legen. Klein geschnittenen **Rosmarin** und **Coppa** über die **Kartoffelhälften** verteilen.
- Mit **Parmesan** bestreuen und 25 Minuten im Ofen backen. Heiß servieren.

OFENGEMÜSE

Auberginen
x 2 (mittelgroß)

Tomaten
x 4

geriebener Parmesan
50 g

Kräuter der Provence
1 EL

Olivenöl
6 EL

Zucchini
x 3 (mittelgroß)

Salz, Pfeffer

Zubereitung: 10 Min.
Backzeit: 50 Min.

- Den Backofen auf 180 °C vorheizen.
- **Auberginen** und **Zucchini** in dünne Scheiben schneiden, die **Tomaten** in Scheiben.
- **Kräuter, Olivenöl** und **Parmesan** mit dem Gemüse vermischen und in eine Auflaufform füllen. Salzen, pfeffern und 50 Minuten im Ofen backen.

KARTOFFELGRATIN AUS DER MIKROWELLE

Kartoffeln
x 3 (große)

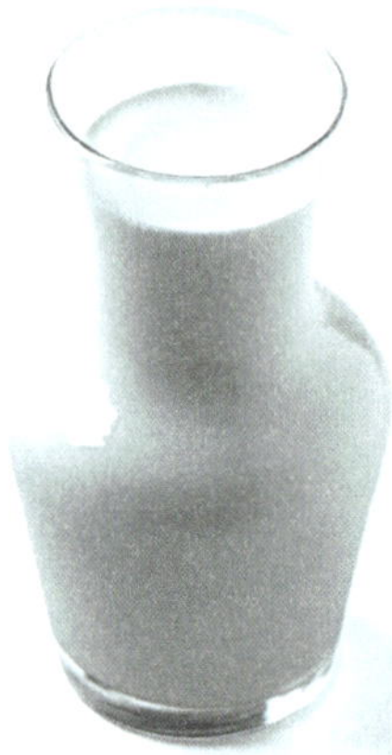

Sahne
500 ml

geriebene Muskatnuss
2 Prisen

geriebener Käse
2 Handvoll

Knoblauch
1 Zehe

Salz, Pfeffer

Zubereitung: 5 Min.
Garzeit: 25 Min.

- **Kartoffeln** schälen und in sehr feine Scheiben schneiden. Mit der **Sahne,** der Hälfte des **Käses,** gehacktem **Knoblauch** und **Muskat** in einer Schüssel mischen. Salzen und pfeffern.
- Mit restlichem **Käse** bestreuen und 25 Minuten bei 800 W in der Mikrowelle garen.

LAUCH MIT SCHINKEN

Lauch
x 4 (mittelgroß)

Kochschinken
4 Scheiben (ohne Fettrand)

geriebener Käse
100 g

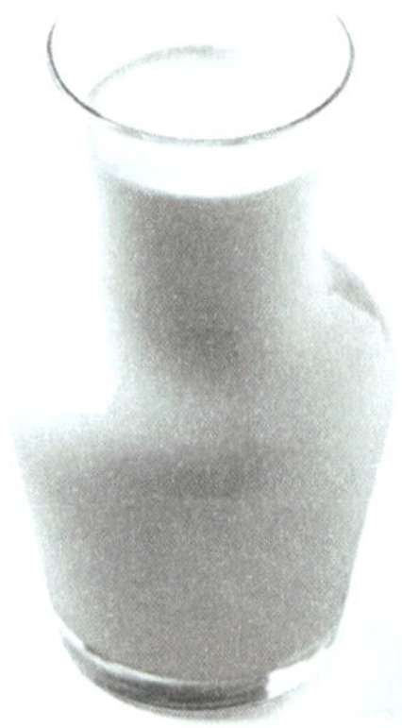

Sahne
400 ml

Salz, Pfeffer

: 4–6

Zubereitung: 5 Min.
Backzeit: 1 Std.

- Den Backofen auf 180 °C vorheizen.
- Den **Lauch** der Länge nach halbieren. Jede Hälfte in 3 Stücke schneiden und gründlich waschen. Mit **Schinkenstücken, Sahne** und **Käse** in eine Auflaufform verteilen.
- Salzen, pfeffern und 1 Stunde im Ofen backen. Heiß servieren.

PIPERADE MIT CHORIZO

Paprikaschoten
x 4

Knoblauch
4 Zehen

Chorizo
x 1

milde Zwiebeln
x 2

Olivenöl
4 EL

Salz, Pfeffer

Zubereitung: 10 Min.
Garzeit: 30 Min.

- **Paprikaschoten, Knoblauch** und **Zwiebeln** klein schneiden. Die **Chorizo** in dicke Scheiben schneiden.
- Alle Zutaten in einem Topf in **Olivenöl** anbraten und 25 Minuten unter gelegentlichem Rühren bei schwacher Hitze köcheln lassen.
- Salzen, pfeffern und servieren.

KARTOFFELGRATIN MIT ANDOUILLE

Kartoffeln
x 2 (groß)

Andouille (Wurst)
24 Scheiben

geriebener Käse
50 g

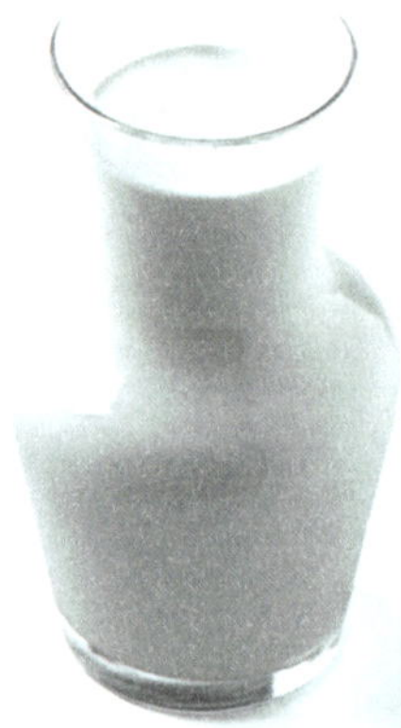

Sahne
200 ml

Pfeffer

Zubereitung: 10 Min.
Backzeit: 40 Min.

- Den Backofen auf 180 °C vorheizen.
- **Kartoffeln** schälen und in dünne Scheiben schneiden. Abwechselnd mit den **Wurstscheiben** in eine Auflaufform schichten. **Sahne** darübergießen. Mit **Käse** bestreuen, pfeffern.
- 40 Minuten im Ofen backen. In der Auflaufform servieren.

GEFÜLLTE TOMATEN MIT ZITRONENGRAS

Tomaten
x 8

Zitronengras
4 Stängel

Wurstbrät
450 g

Fischsauce
4 EL

Zubereitung: 10 Min.
Backzeit: 25 Min.

- Den Backofen auf 200 °C vorheizen.
- Von den **Tomaten** einen Deckel abschneiden, aushöhlen. **Fischsauce,** sehr klein geschnittenes **Zitronengras** und **Wurstbrät** mischen und einfüllen. Die Deckel wieder aufsetzen.
- 25 Minuten im Ofen backen und servieren.

PARMIGIANA

Auberginen
x 2

Mozzarella
2 Kugeln

Tomaten
x 4

geriebener Käse
50 g

Pfeffer

Zubereitung: 5 Min.
Backzeit: 40 Min.

- Den Backofen auf 200 °C vorheizen.
- **Auberginen, Tomaten** und **Mozzarella** erst halbieren, dann in Scheiben schneiden.
- Im Wechsel stehend in eine Auflaufform schichten, pfeffern und den **Käse** darübergeben.
- 40 Minuten im Ofen backen.

KÄSESOUFFLÉ

geriebener Käse
150 g

Eier
x 4 (getrennt)

Butter
60 g

Mehl
60 g

Milch
400 ml

Salz, Pfeffer

Zubereitung: 15 Min.
Backzeit: 35 Min.

- Den Backofen auf 180 °C vorheizen.
- **Butter** in einer Pfanne schmelzen lassen, **Mehl** unterrühren, **Milch** zufügen und unter Rühren 1 Minute köcheln lassen. **Eigelbe** und **Käse** einrühren.
- **Eiweiße** zu Schnee schlagen, behutsam unter die Masse heben. In eine hohe ofenfeste Form geben. 30 Minuten backen und sofort servieren.

HÄHNCHENHAPPEN MIT ERDNÜSSEN

Reisteigblätter
x 4 (groß)

Hähnchenbrust
x 2

Basilikum
x 1 Bund

Erdnussbutter
2 EL

Gurke
x ¼ (etwa 120 g)

Erdnüsse
2 EL

1 Spritzer Sojasauce

Zubereitung: 15 Min.
Garzeit: 5 Min.

- **Hähnchenbrust** klein schneiden. Mit **Erdnussbutter** 5 Minuten in der Mikrowelle garen. Abgekühlt mit gewürfelter **Gurke** mischen.
- **Teigblätter** leicht anfeuchten. Füllung und ein Viertel des **Basilikums** mittig auf die **Blätter** setzen. Zu Päckchen falten. Mit **Basilikum**, zerstoßenen **Nüssen** und **Sojasauce** anrichten.

RINDERFILET MIT ZITRONENGRAS

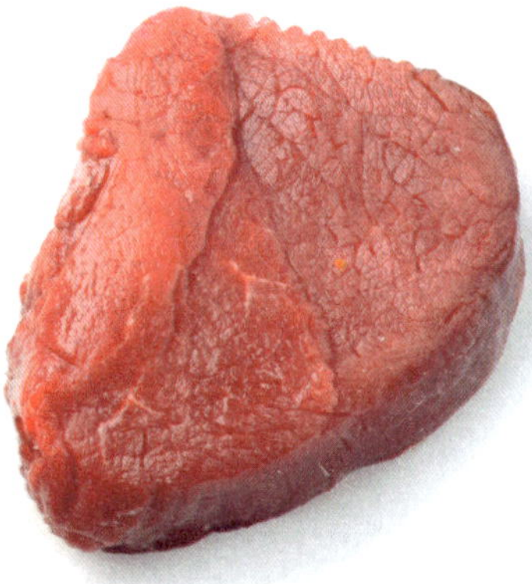

Rinderfilet
600 g

Zitronengras
2 Stängel

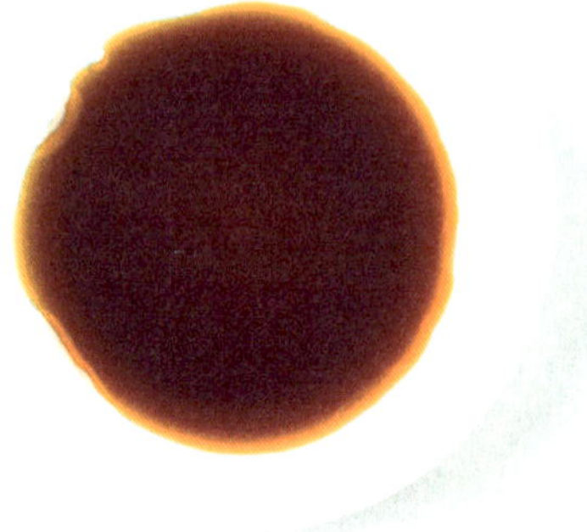

süße Sojasauce
6 EL

Koriandergrün
1 Bund

Erdnüsse
2 EL

5 EL neutrales Öl

Zubereitung: 15 Min.
Marinieren: 1 Std.
Garzeit: 3 Min.

- **Sojasauce,** zerkleinertes **Zitronengras,** das in dünne Scheiben geschnittene **Rinderfilet** und **Öl** vermischen. 1 Stunde marinieren.
- Kurz vor dem Servieren das **Fleisch** mit der Marinade 3 Minuten in einer heiße Pfanne kurz anbraten. Mit **Korianderblättchen** und zerstoßenen **Erdnüssen** bestreut servieren.

RINDERTATAR NACH THAI-ART

Rinderhackfleisch
600 g

Thai-Basilikum
1 Bund

Sojasauce
2 EL

Sesamsamen
2 EL

Sesamöl
4 EL

Zitronengras
2 Stängel

Salz, Pfeffer

Zubereitung: 5 Min.

- **Zitronengras** sehr klein schneiden, **Basilikum** klein schneiden.
- Alle Zutaten mit dem **Hackfleisch** vermischen. Salzen, pfeffern.
- Auf Tellern anrichten und mit **Sesamsamen** und **Basilikum** verzieren. Sofort servieren.

HACKBÄLLCHEN MIT BASILIKUM

Rinderhackfleisch
500 g

Basilikum
1 Bund

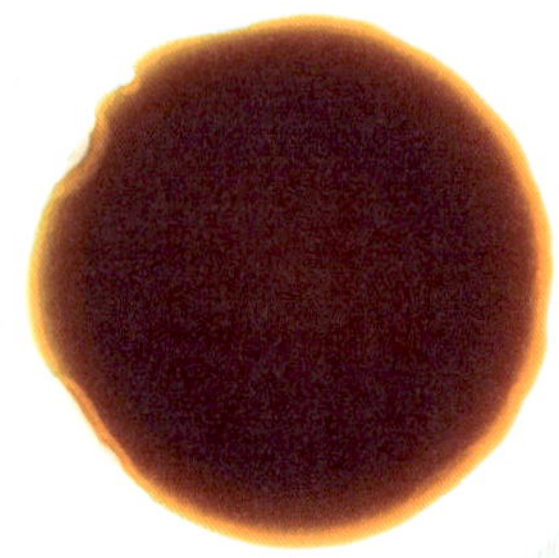

Sojasauce
4 EL

Knoblauchpulver
1 EL

Salz, Pfeffer

1 EL Öl

Zubereitung: 5 Min.
Garzeit: 2 Min.

• **Hackfleisch** mit Salz, Pfeffer und **Knoblauch** vermischen. Aus der Masse 20 Klößchen formen und in einer Pfanne mit 1 EL **Öl** und **Sojasauce** bei großer Hitze 2 Minuten braten.

• Abkühlen lassen, **Basilikumblätter** dazugeben und servieren.

RINDER-SPIESSCHEN MIT COMTÉ

Rindercarpaccio
400 g

Comté
300 g

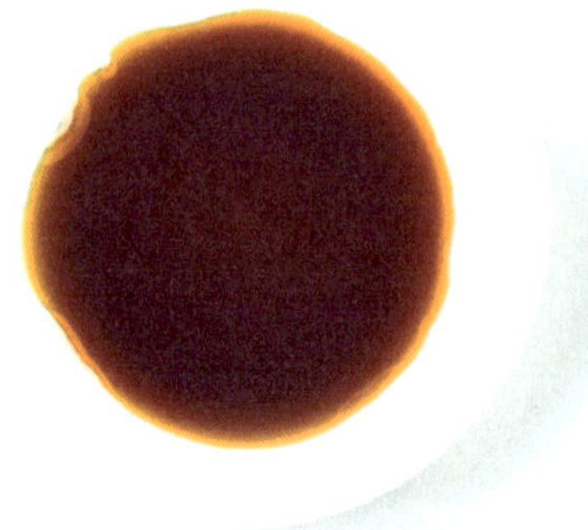

süße Sojasauce
8 EL

Erdnüsse
2 EL

Zubereitung: 5 Min.
Garzeit: 15 Min.

- **Comté** in 8 Stücke zerteilen und mit dem **Fleisch** umwickeln. Durch jedes Stück ein Holzspießchen stecken.
- Auf einen ofenfesten Teller geben, mit **Sojasauce** beträufeln und 15 Minuten in den Ofen stellen. Zerstoßene **Erdnüsse** darüberstreuen und servieren.

CHILI CON CARNE

Rindergulasch
800 g

Kreuzkümmel
2 EL

Kidneybohnen
1 Dose (800 g)

Paprikapüree
1 TL

Tomatenpüree
500 ml

Salz, Pfeffer

1 EL neutrales Öl

Zubereitung: 5 Min.
Garzeit: 3 Std. 30 Min.

- **Fleischstücke** in einem Topf in 1 EL **Öl** anbraten. **Kreuzkümmel, Tomaten, Paprikapüree** und 800 ml Wasser dazugeben. Bei sehr kleiner Hitze mit Deckel 3 Stunden köcheln lassen. Ab und zu umrühren.
- Abgetropfte **Kidneybohnen** dazugeben, alles vermischen. 30 Minuten ohne Deckel köcheln lassen.

SCHNELLES CHILI

Kidneybohnen
1 große Dose (800 g)

geriebener Cheddar
100 g

Hackfleisch
250 g

Kreuzkümmel
1 EL

Tomatenpüree
250 ml

Salz, Pfeffer

Zubereitung: 5 Min.
Garzeit: 12 Min.

- **Kidneybohnen, Fleisch, Tomatenpüree, Kreuzkümmel** und die Hälfte des **Cheddar** mit 200 ml Wasser in einer mikrowellengeeigneten Schüssel mischen.
- Restlichen **Cheddar** darübergeben und alles bei 800 W 12 Minuten in der Mikrowelle garen.

OCHSENBÄCKCHEN MIT ZITRONENGRAS

Zuckererbsen
200 g

Ochsenbäckchen
x 2

grüner Spargel
1 Bund

Zitronengras
4 Stängel

Brokkoli
250 g

Salz, Pfeffer

Zubereitung: 5 Min.
Garzeit: 2 Std.

• **Ochsenbäckchen** in einem Topf mit 2 l Wasser bedecken. Mit **Zitronengras** in Stücken bei kleiner Hitze zugedeckt 1 ¾ Stunden köcheln lassen.
• Zerteilten **Brokkoli,** halbierten **Spargel** und **Zuckererbsen** dazugeben. Salzen, pfeffern und 10 bis 15 Minuten kochen lassen.

ENTRECOTE IN WEIN

Entrecote
4 Scheiben (à 200 g)

Bouquet garni
x 2

Schalotten
x 10

Geflügelbrühe
200 ml

Rotwein
½ Flasche

Salz, Pfeffer

3 EL neutrales Öl

Zubereitung: 10 Min.
Garzeit: 44 Min.

• **Schalotten** in Würfeln mit 2 EL **Öl** 5 Minuten andünsten. **Rotwein, Bouquets garnis** und **Brühe** zufügen. 40 Minuten sanft köcheln lassen.

• **Entrecotes** im Schmortopf mit 1 EL **Öl** rundum 2 Minuten anbraten.

• Herd abschalten, Sauce über das Fleisch geben. Salzen, pfeffern und sofort servieren.

HOHE RIPPE MIT AROMATISCHEN KRÄUTERN

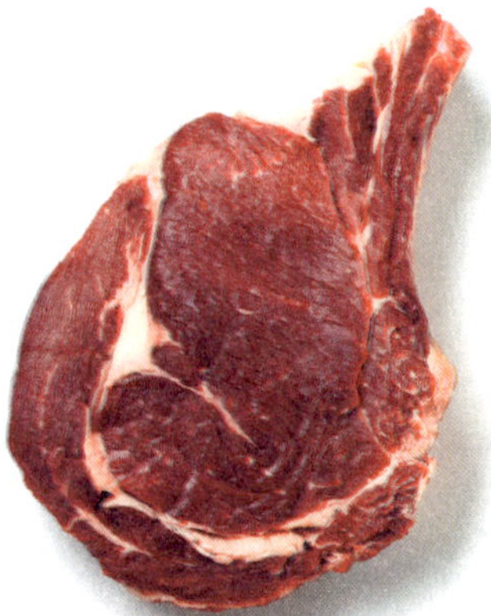

Hohe Rippe
x 1 (ca. 1,3 kg)

Rosmarin
4 Zweige

Thymian
4 Zweige

Salz, Pfeffer

2 EL Olivenöl

Zubereitung: 5 Min.
Garzeit: 24 Min.
Ruhezeit: 5 Min.

- Den Backofen auf 200 °C vorheizen.
- **Fleisch** mit 2 EL **Öl** in einem Topf von jeder Seite 2 Minuten anbraten. Mit Salz und Pfeffer würzen.
- Mit den **Kräutern** in eine Ofenform geben, 20 Minuten im Backofen braten. Ab und zu mit Bratensaft begießen. Umdrehen und 5 Minuten ruhen lassen. Sofort servieren.

REH NACH FÖRSTERINNEN-ART

Rehmedaillons
x 4 (bardiert)

Himbeeren
250 g

Sahne
200 ml

Pfifferlinge
250 g

Sojasauce
2 EL

Salz, Pfeffer

1 EL neutrales Öl

Zubereitung: 5 Min.
Garzeit: 5 Min.

- Den **Speck** von den **Medaillons** abwickeln, **Fleisch** und **Speck** separat klein würfeln.
- **Speck** mit 1 EL **Öl** in einer Pfanne 1 Minute anbraten, das Fleisch mitbraten. Dann **Pfifferlinge, Sojasauce, Sahne** und **Himbeeren** dazugeben. 1 weitere Minute kochen lassen, mit Salz und Pfeffer würzen und servieren.

REHKEULE IN PFEFFERSAUCE

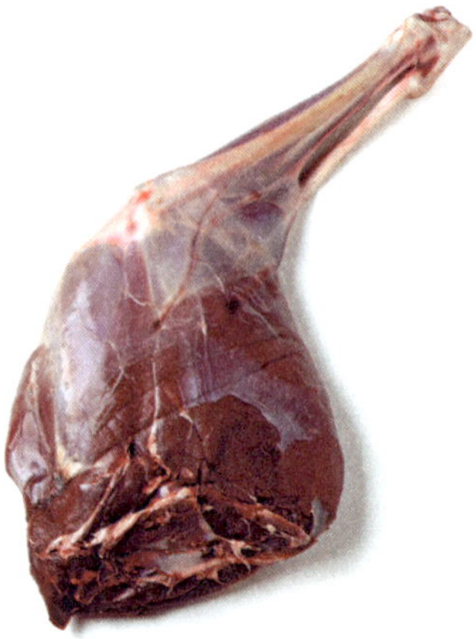

Rehkeule
x 1 (1,5 kg)

geschroteter Pfeffer
1 EL

Bouquet garni
x 3

Kakaopulver
2 EL

Rosmarin
2 Zweige

Rotwein
½ Liter

Salz

Zubereitung: 15 Min.
Bratzeit: 50 Min.
Marinieren: 1 Std.

- Den Backofen auf 180 °C vorheizen.
- **Keule** mit **Rosmarin** 1 Stunde in **Wein** marinieren. In eine Ofenform legen. Mit **Kakao** und **Pfeffer** bestäuben, dann salzen.
- Marinade mit **Bouquets garnis** 5 Minuten erhitzen, über die Keule gießen.
- 45 Minuten im Ofen braten. Regelmäßig mit Bratensaft übergießen.

GESCHMORTE WACHTELN

Wachteln
x 4 (küchenfertig)

Bouquet garni
x 4

Rotwein
1 l

roter Portwein
500 ml

rote Zwiebel
x 1

Salz, Pfeffer

2 EL neutrales Öl

Zubereitung: 5 Min.
Garzeit: 1 Std.

- **Wachteln** mit 2 EL **Öl** in einem Topf 2 Minuten anbraten. **Rotwein, Portwein,** die klein geschnittene **Zwiebel** und die **Bouquets garnis** dazugeben. Salzen und pfeffern.
- Bei schwacher Hitze ohne Deckel 1 Stunde köcheln lassen. Ab und zu umrühren.

KANINCHENTERRINE

Kaninchen
x 1 (in Stücken)

Estragon
1 Bund

getrocknete Tomaten
x 10

Weißwein
400 ml

Landbrot
8 Scheiben

Salz, Pfeffer

Zubereitung: 5 Min.
Garzeit: 1 Std.
Kühlzeit: 1 Nacht

- Am Vorabend **Kaninchen** mit 400 ml Wasser, **Weißwein** und **Tomaten** bei schwacher Hitze 1 Stunde köcheln lassen.
- **Kaninchenfleisch** ablösen, Brühe filtern.
- **Tomaten, Fleisch** und Brühe über Nacht in einer Terrine kühl stellen.
- Am nächsten Tag zerkleinerten **Estragon** darübergeben. Mit geröstetem **Brot** servieren.

FASAN JÄGERART

Fasan
x 1 (in Stücken)

Champignons
250 g

Speckwürfel
200 g

Schalotten
x 2

Geflügelbrühe
500 ml

Salz, Pfeffer

2 EL neutrales Öl

Zubereitung: 10 Min.
Garzeit: 1 Std.

- **Fasanenstücke** mit 2 EL **Öl** in einem Topf 2 Minuten anbraten.
- **Schalotten** und **Champignons** klein schneiden, mit **Speckwürfeln** und **Geflügelbrühe** ebenfalls in den Topf geben.
- Salzen, pfeffern und 1 Stunde bei schwacher Hitze mit Deckel köcheln lassen.

SCHMORKANINCHEN MIT ROSMARIN

Kaninchen
x 1 (in Stücken)

Tomaten
x 2

Kartoffeln
800 g (groß)

milde Zwiebeln
x 2

Rosmarin
4 Zweige

Weißwein
1 Flasche

Salz, Pfeffer

: 4–5

Zubereitung: 10 Min.
Garzeit: 1 Std.

- Den Backofen auf 200 °C vorheizen.
- **Kartoffeln** waschen und in dünne Scheiben schneiden, **Tomaten** vierteln. Beides mit **Kaninchenstücken** und gewürfelten **Zwiebeln** in eine große Ofenform geben. **Rosmarin, Weißwein** und 300 ml Wasser dazugeben.
- Salzen, pfeffern und 1 Stunde im Ofen schmoren.

SAFRAN-HÄHNCHEN IN KOKOSMILCH

Hähnchenschenkel
x 4

Kokosmilch
500 ml

Safran
3 Döschen (à 0,1 g)

Basilikum
1 Bund

Salz, Pfeffer

Zubereitung: 5 Min.
Backzeit: 45 Min.

- Den Backofen auf 200 °C vorheizen.
- Die **Kokosmilch** mit dem **Safran** verschlagen, drei Viertel der **Basilikumblätter** im Ganzen dazugeben.
- **Hähnchenschenkel** in eine Ofenform geben, Kokos-Safran-Milch und restliches **Basilikum** darübergeben. Salzen und pfeffern und 45 Minuten im Ofen schmoren.

SATÉ-SPIESSE

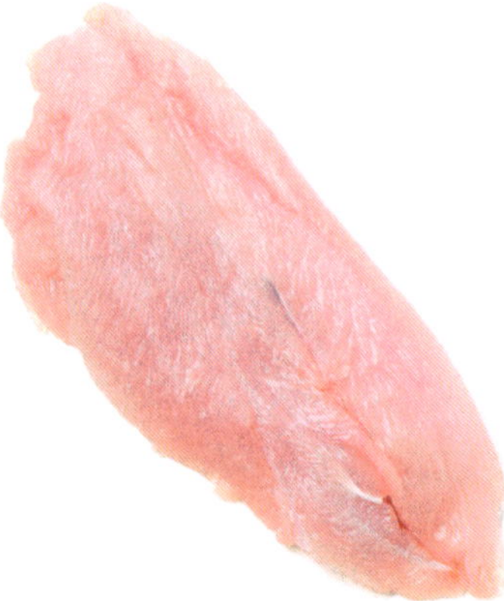

Putenschnitzel
x 4

Erdnussbutter
4 EL

Sojasauce
4 EL

flüssiger Honig
2 EL

Zubereitung: 5 Min.
Backzeit: 20 Min.

• Den Backofen auf 200 °C vorheizen.

• **Schnitzel** in kleine Stücke schneiden und mit der **Erdnussbutter** und dem **Honig** mischen. Auf die Spieße stecken. In eine Ofenform legen.

• **Sojasauce** darübergeben und 200 ml Wasser angießen. 20 Minuten im Ofen schmoren.

PUTENSCHENKEL MIT PAPRIKASCHOTEN

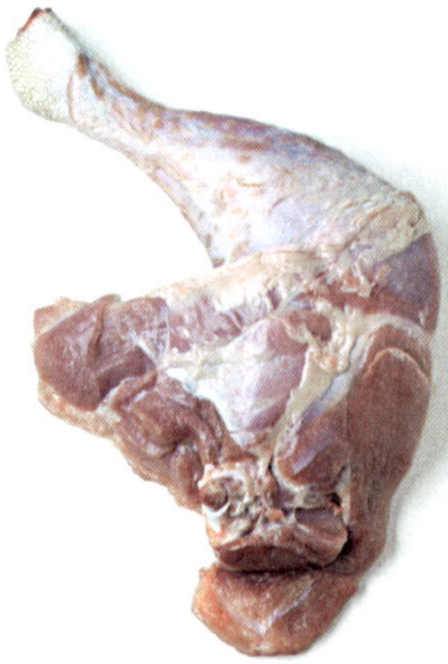

Putenschenkel
x 1

bunte Paprikaschoten
x 6

Knoblauch
12 Zehen

Rosmarin
3 Zweige

Olivenöl
4 EL

Salz, Pfeffer

Zubereitung: 10 Min.
Backzeit: 1 Std.

- Den Backofen auf 200 °C vorheizen.
- Die Hälfte des **Rosmarins** unter die Haut der **Schenkel** stecken. Das Fleisch in eine Ofenform setzen. **Paprikaschoten** in Stücken, **Knoblauch,** übrigen **Rosmarin, Öl** und 200 ml Wasser dazugeben.
- Salzen, pfeffern und 1 Stunde im Ofen schmoren. Ab und zu mit Bratensaft begießen.

KNUSPRIGE HÄHNCHENSCHENKEL

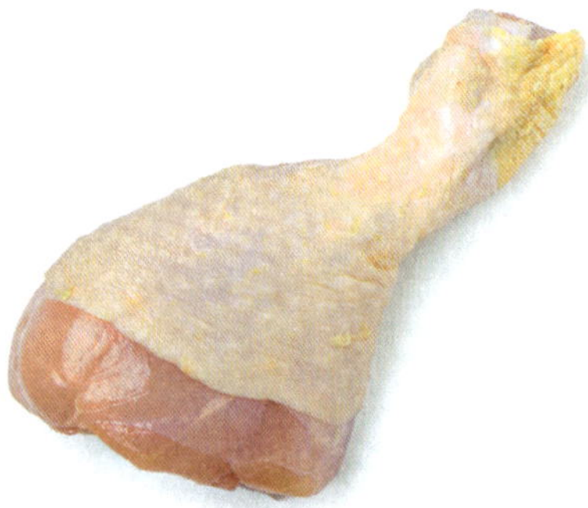

Hähnchenschenkel
x 8

Mehl
8 EL (100 g)

Eier
x 3

Cornflakes
10 Handvoll (120 g)

Barbecuesauce
6 EL

Salz, Pfeffer

Zubereitung: 15 Min.
Marinieren: 10 Min.
Backzeit: 45 Min.

• Den Backofen auf 180 °C vorheizen.
• **Hähnchen** salzen, pfeffern und in 2 EL **Barbecuesauce** 10 Minuten marinieren. Schenkel in **Mehl** wenden, dann in verquirltem **Ei**. Die zerstoßenen **Cornflakes** rundum fest andrücken.
• In eine Ofenform setzen, 45 Minuten backen. Mit der restlichen **Barbecuesauce** servieren.

PUTENROULADE ITALIENISCHE ART

Basilikum
8 Blätter

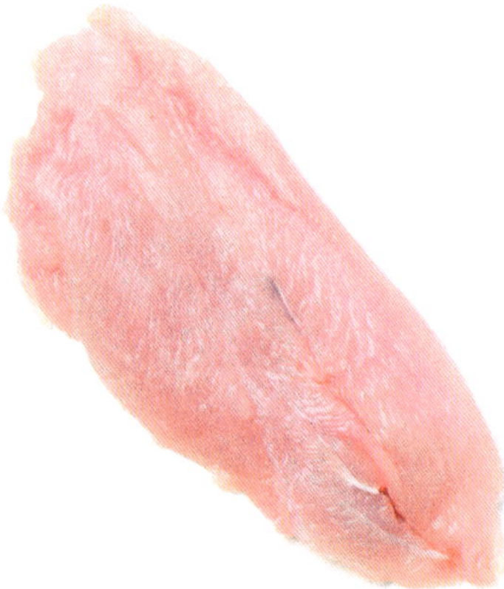

Putenschnitzel
x 4

geriebener Parmesan
4 EL

Mozzarella
2 Kugeln

Tomate
x 1

Salz, Pfeffer

etwas Olivenöl

Zubereitung: 5 Min.
Backzeit: 20 Min.

- Den Backofen auf 200 °C vorheizen.
- Auf jedes **Schnitzel** ½ **Mozarellakugel,** 2 **Basilikumblätter** und ¼ **Tomate** geben.
- Salzen, pfeffern, aufrollen und mit Holzspießchen feststecken.
- Mit **Parmesan** bestreuen und 20 Minuten im Ofen schmoren. Mit **Öl** beträufeln und mit **Basilikum** garniert servieren.

HÄHNCHEN MIT KOKOSPESTO

Hähnchenschenkel
x 4 (halbiert)

Pesto
2 EL

Kokosmilch
250 ml

Salz, Pfeffer

Zubereitung: 5 Min.
Backzeit: 45 Min.

- Den Backofen auf 180 °C vorheizen.
- Die **Hähnchenstücke** mit **Kokosmilch** und **Pesto** vermischen und in eine Ofenform setzen.
- 45 Minuten im Ofen schmoren. Salzen, pfeffern und servieren.

SÜSSSAURE HÄHNCHENFLÜGEL

Sojasauce
6 EL

Hähnchenflügel
x 16

Ketchup
4 EL

flüssiger Honig
4 EL

Zubereitung: 5 Min.
Backzeit: 45 Min.

- Den Backofen auf 200 °C vorheizen.
- **Hähnchen** in einer Ofenform mit 2 EL **Ketchup,** 4 EL **Sojasauce** und 2 EL **Honig** mischen.
- 45 Minuten im Ofen schmoren.
- Restlichen **Ketchup, Sojasauce** und **Honig** mischen. Die **Hähnchenflügel** mit der Sauce servieren.

HÄHNCHENGESCHNETZELTES MIT INGWER

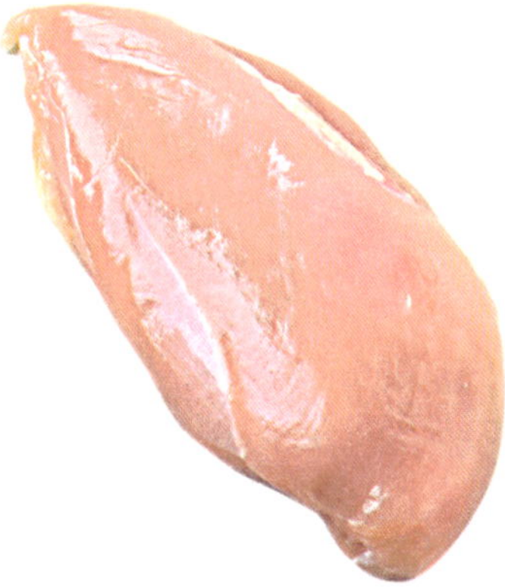

Hähnchenbrust
x 4

Curry
1 EL

Ingwer
50 g

süße Sojasauce
4 EL

Koriandergrün
1 Bund

1 EL neutrales Öl

Zubereitung: 5 Min.
Marinieren: 1 Std.
Garzeit: 5 Min.

- **Hähnchen** klein schnetzeln und 1 Stunde mit dem geriebenen **Ingwer, Curry, Sojasauce** und 1 EL **Öl** marinieren. **Fleisch** in einem Topf 5 Minuten anbraten, evtl. abgetropfte Marinade zufügen.
- Vom Herd nehmen, abgezupfte **Korianderblättchen** dazugeben und mit extra Sojasoße servieren.

GEFLÜGELRÖLLCHEN MIT ORANGE

Tomatenpüree
2 EL

Geflügelröllchen
x 4

Basilikum
20 Blätter

geriebener Parmesan
2 EL

Orangensaft
2 Gläser

Salz, Pfeffer

Zubereitung: 5 Min.
Backzeit: 30 Min.

- Den Backofen auf 200 °C vorheizen.
- **Geflügelröllchen** in eine Auflaufform setzen. **Orangensaft, Tomatenpüree** und **Parmesan** mischen. Über die **Geflügelröllchen** geben.
- 30 Minuten im Ofen schmoren. Salzen, pfeffern, **Basilikum** dazugeben und servieren.

PERLHUHN-AUFLAUF

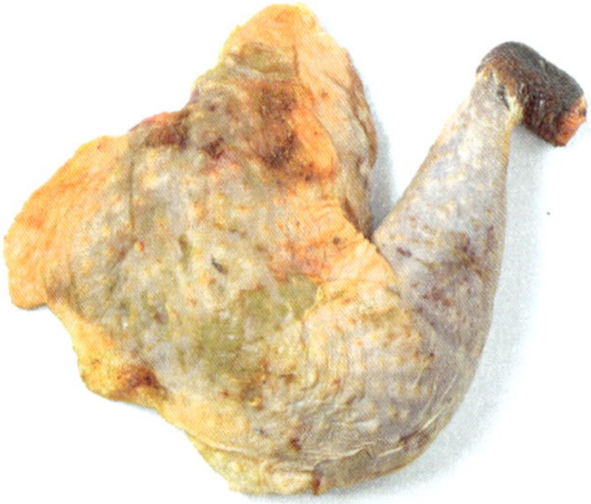

Perlhuhnschenkel
x 4

roher Schinken
4 Scheiben

Kartoffeln
800 g (groß)

Geflügelbrühe
1 l

Bouquet garni
x 3

milde Zwiebeln
x 2

Salz, Pfeffer

etwas Olivenöl

Zubereitung: 10 Min.
Garzeit: 1 Std.

- Den Backofen auf 180 °C vorheizen.
- **Zwiebeln** und **Kartoffeln** schälen, in Scheiben schneiden. In eine Ofenform geben. Das in **Schinken** gewickelte **Perlhuhn** daraufsetzen, **Brühe** und **Bouquets garnis** dazugeben. Salzen, pfeffern, mit **Olivenöl** beträufeln. 1 Stunde schmoren. In der Form servieren.

HÄHNCHENCURRY MIT MANGO

Hähnchenbrust
x 4

Mango
x 1

Koriandergrün
1 Bund

Currypulver
1 EL

Erbsen
150 g (tiefgekühlt, aufgetaut)

Kokosmilch
400 ml

Zubereitung: 5 Min.
Backzeit: 25 Min.

- Den Backofen auf 180 °C vorheizen.
- **Kokosmilch** mit **Curry** aufkochen und aufschlagen. Über das in eine Auflaufform gelegte **Hähnchen** gießen. 20 Minuten im Ofen schmoren.
- Gewürfelte **Mango, Erbsen** und klein geschnittenen **Koriander** mischen. In die Form geben. Alles vermengen und servieren.

HÄHNCHEN MIT OLIVEN

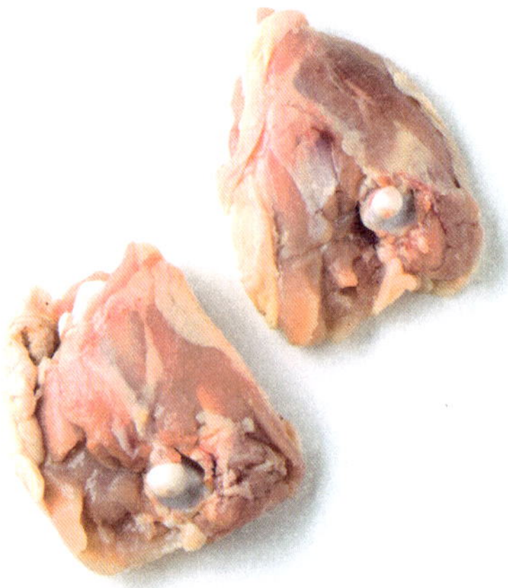

Hähnchenschenkel
x 4

Tapenade
2 EL

Tomaten
x 2

Zubereitung: 5 Min.
Garzeit: 40 Min.

• Den Backofen auf 200 °C vorheizen.
• Die **Tapenade** mit 200 ml Wasser vermischen. **Hähnchenstücke** in eine Auflaufform setzen und die Tapenademischung darübergeben.
• Die geviertelten **Tomaten** dazugeben und 40 Minuten im Ofen schmoren.

LIMETTENHÄHNCHEN MIT ROSMARIN

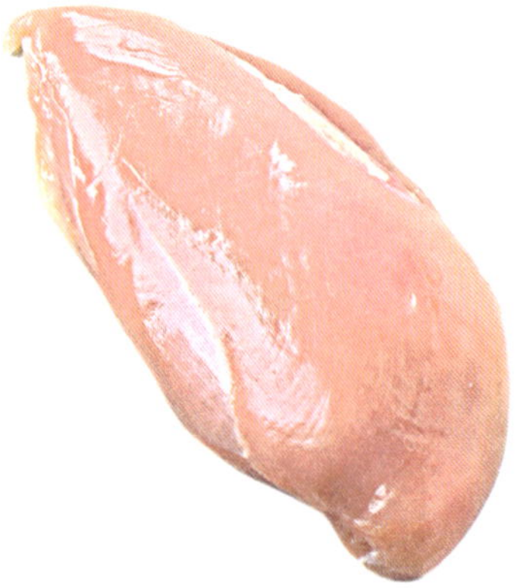

Hähnchenbrust
x 4

Limetten
x 2

Olivenöl
2 EL

Rosmarin
2 Zweige

Mozzarella
1 Kugel

Salz, Pfeffer

Zubereitung: 5 Min.
Garzeit: 30 Min.

- Den Backofen auf 180 °C vorheizen.
- **Hähnchen** in eine Ofenform legen, **Mozzarella** in großen Stücken, 1 in Scheiben geschnittene **Limette, Rosmarin** sowie Saft und Schale der übrigen **Limette** dazugeben. Salzen, pfeffern, **Olivenöl** zufügen. 30 Minuten im Ofen schmoren. Sofort servieren.

BRATHÄHNCHEN AUF BROT

Hähnchen
x 1

Landbrot
4 dicke Scheiben

Knoblauch
8 Zehen

Schalotten
x 4

Bouquet garni
x 3

Salz, Pfeffer

etwas Olivenöl

Zubereitung: 5 Min.
Backzeit: 1 Std.

- Den Ofen auf 170 °C vorheizen.
- **Brot** in eine Ofenform legen, **Hähnchen** darauf setzen. **Knoblauch, Schalotten** und **Bouquets garnis** dazugeben. Mit **Olivenöl** beträufeln, salzen, pfeffern und 1 Stunde im Ofen schmoren.
- Hähnchen mit den **Brotscheiben** servieren.

ENTE MIT BASILIKUM UND INGWER

Entenbrüste
x 2 (gesamt 500 g)

Thai-Basilikum
1 Bund

Sojasauce
6 EL

Ingwer
60 g

Pfeffer

Zubereitung: 5 Min.
Garzeit: 7 Min.

- **Ingwer** schälen und reiben. **Entenbrüste** mit ihrem Fett in Scheiben schneiden und 2 Minuten mit dem Ingwer anbraten. **Sojasauce** dazugeben, 5 Minuten kochen lassen und den Herd abschalten.
- **Basilikumblätter** dazugeben, pfeffern, alles vermischen und sofort servieren.

PROVENZALISCHES ENTEN-CONFIT

Entenschenkel-Confit
x 4

Tomaten
x 4

Bouquet garni
x 2

schwarze Oliven
x 20 (mariniert, griechisch)

Zubereitung: 5 Min.
Backzeit: 45 Min.

- Den Ofen auf 170 °C vorheizen.
- **Tomaten** klein würfeln und mit den **Bouquets garnis** und den **Oliven** in einer Auflaufform vermengen. Die **Entenschenkel** daraufsetzen und 45 Minuten im Ofen schmoren.
- Sehr heiß servieren.

ENTE MIT STECKRÜBEN UND OLIVEN

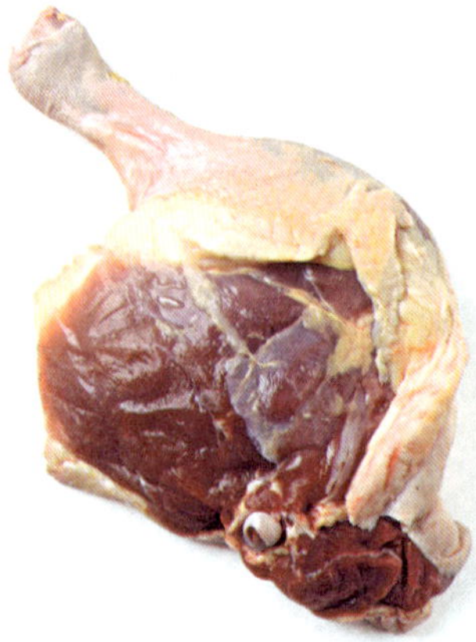

Entenschenkel
x 4

Tapenade
2 EL

Steckrüben
x 8

Salz, Pfeffer

Zubereitung: 10 Min.
Garzeit: 2 Std.

• **Steckrüben** schälen und klein schneiden.
• **Entenschenkel** und Steckrüben mit 1 Liter Wasser in einem Topf bei aufgelegtem Deckel auf schwacher Hitze 2 Stunden köcheln lassen.
• Die **Tapenade** dazugeben, salzen, pfeffern, alles vermischen und servieren.

ENTENBRUST À L'ORANGE

Entenbrust
x 2 (insgesamt 500 g)

Balsamicoessig
5 EL

Orangen
x 5 (davon 1 Bio-Frucht)

flüssiger Honig
4 EL

Zubereitung: 5 Min.
Garzeit: 20 Min.
Ruhezeit: 5 Min.

- Die **Bio-Orange** in Scheiben schneiden, übrige **Orangen** auspressen. Alles mit **Honig** und **Essig** aufkochen. 10 Minuten sanft köcheln lassen.
- **Entenbrüste** 3 Minuten auf der Hautseite scharf anbraten. Wenden und 3 Minuten braten, Herd abschalten. 5 Minuten ruhen lassen.
- Tranchieren und **Orangenscheiben** zwischen die Tranchen stecken. Mit Sauce übergießen.

ROULADEN AUF ASIATISCHE ART

Kalbsrouladen
x 5

Koriandergrün
1 Bund

süße Sojasauce
8 EL

Zitronengras
3 Stängel

Ingwer
50 g

Pfeffer

: 5

Zubereitung: 5 Min.
Backzeit: 50 Min

- Den Backofen auf 200 °C vorheizen.
- **Rouladen** in eine Ofenform setzen.
- **Sojasauce,** geriebenen **Ingwer** und klein geschnittenes **Zitronengras** mit 100 ml Wasser aufkochen. Heiß über die Rouladen gießen. Pfeffern und 45 Minuten schmoren.
- Klein geschnittenen **Koriander** dazugeben.

KALBSKOTELETT MIT ESTRAGON

Kalbskotelett
x 1 (dick; ca. 900 g)

Estragon
2 Bund

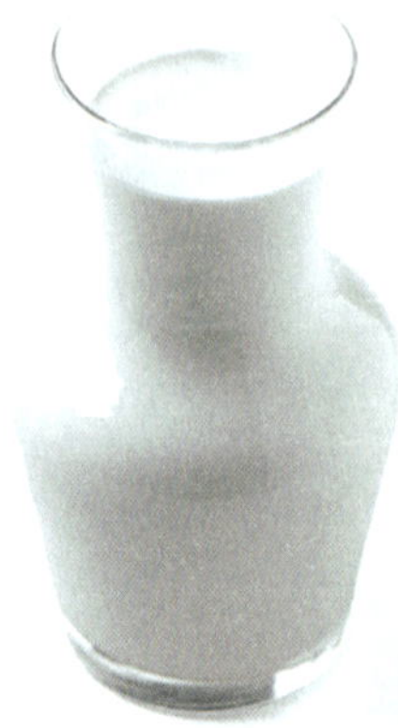

Sahne
330 ml

Spinatblätter
50 g

Salz, Pfeffer

1 EL neutrales Öl

Zubereitung: 5 Min.
Garzeit: 20 Min.

- **Kalbskotelett** mit 1 EL **Öl** anbraten. Wenn es gebräunt ist, wenden, salzen und pfeffern. 12 Minuten bei schwacher Hitze köcheln lassen.
- **Sahne, Spinat** und klein geschnittenen **Estragon** dazugeben. Weitere 3 Minuten köcheln lassen. **Kotelett** mit der Sauce begießen und servieren.

KARAMELLISIERTE KALBSBRUST MIT SOJA

Kalbsbrustscheiben
x 4

Sojasauce
8 EL

Bio-Limetten
x 3

flüssiger Honig
4 EL

Pfeffer

Zubereitung: 5 Min.
Backzeit: 45 Min.

- Den Backofen auf 200 °C vorheizen.
- **Kalbsbrust** in eine Ofenform legen. Mit **Honig** und **Sojasauce** übergießen.
- Schale und Saft von 2 **Limetten** dazugeben. Übrige **Limette** in Scheiben auf das Fleisch legen. Pfeffern.
- 45 Minuten schmoren, ab und zu mit Flüssigkeit bestreichen. Sehr heiß servieren.

SCHNITZEL MIT SCHINKEN UND SALBEI

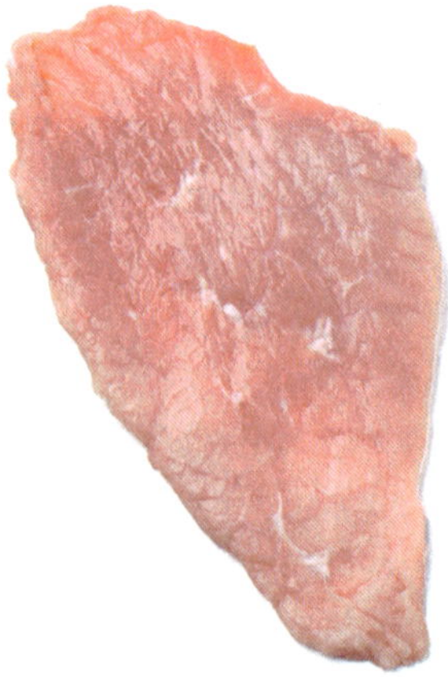

Kalbsschnitzel
x 4 (plattiert)

Salbei
16 Blätter

Butter
50 g

weißer Wermut
50 ml (trocken)

roher Schinken
4 Scheiben

Pfeffer

Zubereitung: 5 Min.
Garzeit: 7 Min.

- Auf jedes **Kalbsschnitzel** 1 **Schinkenscheibe** und 4 **Salbeiblätter** legen. Aufrollen und mit Holzspießchen feststecken.
- **Schnitzel** in **Butter** in einer Pfanne 5 Minuten anbraten. **Wermut** dazugeben, 2 Minuten kochen lassen.
- **Schnitzel** mit der Schmorflüssigkeit bestreichen, pfeffern und servieren.

KALBSSCHNITZEL MIT ERDNÜSSEN

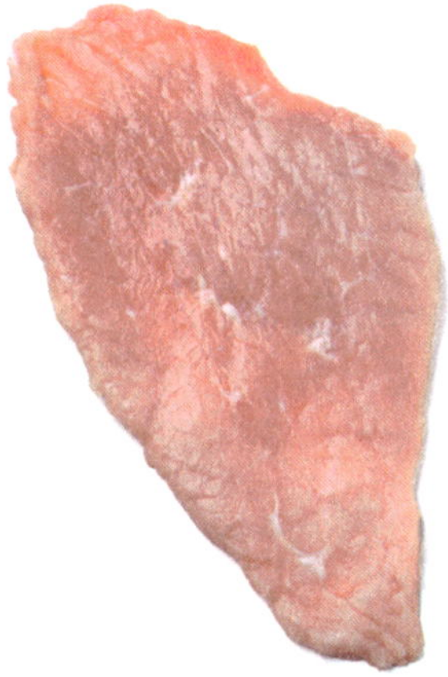

Kalbsschnitzel
x 4

Erdnüsse
8 EL

Sojasauce
16 EL

flüssiger Honig
4 EL

2 EL neutrales Öl

Zubereitung: 2 Min.
Garzeit: 5 Min.

• Die in Stücke geschnittenen **Kalbsschnitzel** in einer Pfanne mit 2 EL **Öl** 2 Minuten anbraten.

• **Honig, Sojasauce** und **Erdnüsse** dazugeben. Weitere 3 Minuten unter Rühren kochen.

VIER-STUNDEN-LAMMKEULE À LA TAJINE

Kümmel
1 EL

Lammkeule
x 1 (gestutzt)

Geflügelbrühe
1 l

eingelegte Zitronen
x 4

grüne Oliven
1 Glas (330 g; entsteint)

flüssiger Honig
6 EL

: 6

Zubereitung: 5 Min.
Garzeit: 4 Std.

- Den Ofen auf 170 °C vorheizen.
- **Lammkeule** in einen Schmortopf legen, geviertelte **Zitronen, Oliven, Brühe** und **Kümmel** dazugeben. Bei aufgelegtem Deckel 4 Stunden im Ofen schmoren.
- Sobald die **Keule** fertig geschmort ist, mit erhitztem **Honig** bestreichen. Sofort servieren.

LAMMKOTELETTS AUS DEM OFEN

Lammkoteletts
x 8

Currypulver
2 EL

Zucchini
x 4 (mittelgroß)

Minze
4 Zweige

Tomaten
x 2

Salz, Pfeffer

6 EL neutrales Öl

Zubereitung: 10 Min.
Marinieren: 30 Min.
Garzeit: 25 Min.

- **Koteletts** mit **Curry** und 6 EL **Öl** 30 Minuten marinieren.
- Den Backofen auf 200 °C vorheizen.
- **Koteletts, Marinade, Zucchini** in dünnen Scheiben und **Tomaten** in Stücken in einer Auflaufform verteilen. Salzen, pfeffern und 25 Minuten im Ofen schmoren. **Minzeblättchen** dazugeben und servieren.

LAMM MIT EINGELEGTEN ZITRUSFRÜCHTEN

rosa Bio-Grapefruit
x 1

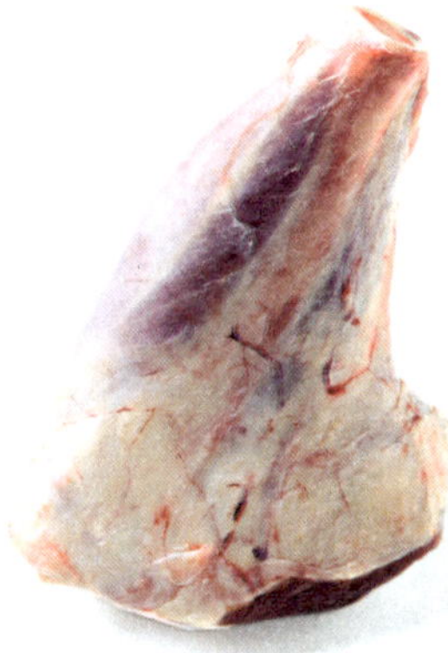

Lammstelzen
x 4

Bouquet garni
x 3

Sauternes
1 Flasche

Bio-Orangen
x 2

Salz, Pfeffer

Zubereitung: 5 Min.
Garzeit: 4 Std.

- Den Backofen auf 180 °C vorheizen.
- **Lammstelzen** in einen Schmortopf legen. **Wein, Bouquets garnis** und Schalen und Saft der **Orangen** sowie der **Grapefruit** dazugeben.
- Deckel auflegen, 4 Stunden schmoren. Salzen, pfeffern und im Topf servieren.

KARIBISCHES LAMMCURRY

Lammfleisch
1 kg

Kartoffeln
700 g (mittelgroß)

Colombo-Gewürz
2 EL

Salz, Pfeffer

Zubereitung: 15 Min.
Garzeit: 1 Std.

- Den Backofen auf 180 °C vorheizen. **Fleisch** mit **Gewürz** und 500 ml Wasser vermengen. Salzen und pfeffern.
- **Kartoffeln** schälen, in feine Scheiben schneiden. Die Hälfte in einer Ofenform verteilen, **Fleisch** mit der Würzflüssigkeit darübergeben, restliche **Kartoffeln** am Rand verteilen.
- 1 Stunde im Ofen schmoren, sofort servieren.

LAMMEINTOPF MIT SAFRAN

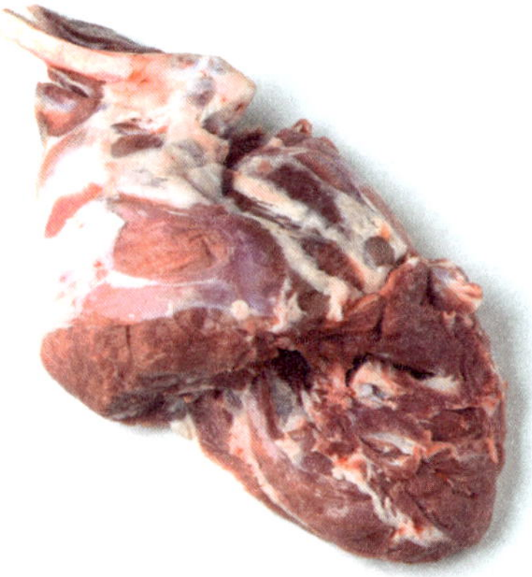

Lammkeule
x 1 (gestutzt)

Bouquet garni
x 2

Rüben
x 4

Safran
15 Fäden (oder 2 Döschen)

Möhren
x 4

grobkörniges Salz
1 EL

Pfeffer

: 4–5

Zubereitung: 5 Min.
Garzeit: 2 Std. 30 Min.

• **Lammkeule** in 6 Stücke zerteilen und mit klein geschnittenem **Gemüse, Bouquets garnis,** 2 Liter Wasser, **Safran** und grobkörnigem **Salz** in einem Schmortopf zum Kochen bringen.

• Bei sehr schwacher Hitze 2,5 Stunden köcheln lassen.

ASIATISCHE SCHWEINERIPPCHEN

Schälrippchen
x 2 (ca. 1,2 kg)

Ingwer
150 g

Koriandergrün
1 Bund

flüssiger Honig
4 EL

Zitronengras
2 Stängel

Sojasauce
8 EL

Zubereitung: 10 Min.
Garzeit: 1 Std.
Marinieren: 1 Nacht

- Die zerteilten **Rippchen** am Vorabend mit geriebenem **Ingwer,** zerkleinertem **Zitronengras, Sojasauce** und **Honig** in einer Ofenform marinieren.
- Am Tag der Zubereitung Backofen auf 180 °C vorheizen. **Rippchen** 1 Stunde schmoren.
- Mit **Korianderblättchen** bestreuen und servieren.

KORSICHE FLEISCHBÄLLCHEN

Wurstbrät
500 g

Spinatblätter
150 g

geriebener Parmesan
25 g

Minze
1 Bund

stückige Tomaten
1 kleine Dose (400 g)

Eier
x 1

Zubereitung: 10 Min.
Garzeit: 25 Min.

- Den Backofen auf 180 °C vorheizen.
- **Minze** und **Spinat** klein scheiden und mit **Wurstbrät, Parmesan** und **Ei** in eine Schüssel geben. Alles mit der Hand vermengen und daraus 10 **Fleischbällchen** formen.
- Die **Tomaten** in einer Ofenform verteilen und die **Fleischbällchen** daraufsetzen. 25 Minuten im Ofen schmoren.

GEFÜLLTER SCHWEINEBRATEN

Schweinebraten
x 1 (1,2 kg)

Kartoffel
x 1 (mittelgroß)

Zucchino
x 1

geriebener Käse
50 g

Tomaten
x 2

Salz, Pfeffer

etwas Olivenöl

Zubereitung: 15 Min.
Garzeit: 45 Min.

- Den Backofen auf 200 °C vorheizen.
- **Gemüse** in dünne Scheiben schneiden. **Fleisch** mehrfach quer tief einschneiden, in eine Ofenform setzen. **Gemüse** in die Schnitte stecken. **Käse** darüber verteilen. Salzen, pfeffern und mit **Olivenöl** beträufeln. 45 Minuten im Ofen schmoren. Ab und zu mit Bratensaft begießen.

KARAMELLISIERTES SCHWEINEFLEISCH

Schweinerücken
600 g

Bio-Zitrone
x 1

Sojasauce
8 EL

Zucker
1 EL

Zubereitung: 10 Min.
Garzeit: 1 Std.

- Den Backofen auf 180 °C vorheizen.
- **Fleisch** würfeln. Schale der **Zitrone** in langen Streifen abziehen. Zitrone auspressen.
- **Fleisch, Saft, Schalen, Zucker, Sojasauce** und 100 ml Wasser in einer Ofenform vermischen.
- 1 Stunde schmoren, ab und zu mit dem Bratensaft begießen (ggf. Wasser dazugeben).

AFRIKANISCHE MERGUEZ-PFANNE

Zucchini
x 2

Ras-el-Hanout
2 EL

Tomaten
x 4

Merguez
x 4

Salz, Pfeffer

Zubereitung: 5 Min.
Garzeit: 15 Min.

- **Zucchini, Tomaten** und **Merguez** in Stücke schneiden. Mit 600 ml Wasser und **Ras-el-Hanout** in eine Pfanne geben. Salzen, pfeffern. Zum Kochen bringen und 10 Minuten kochen lassen.
- Mit Couscous servieren.

WÜRZIGES FILET MIGNON MIT PARMESAN

Filet Mignon
x 1

Parmesanspäne
50 g

Kirschtomaten
1 Körbchen

Zwieback
x 1

Koriandergrün
1 Bund

Salz, Pfeffer

4 EL neutrales Öl

Zubereitung: 5 Min.
Backzeit: 40 Min.

- **Parmesan, Zwieback, Koriander** (bis auf 2 Zweige) und 2 EL **Öl** mischen.
- **Filet** würzen und mit 2 EL **Öl** 20 Minuten im Ofen schmoren. Mit der Parmesanmischung bedecken. **Tomaten** zufügen, weitere 20 Minuten schmoren.
- Mit übrigem **Koriander** bestreuen.

EINFACHES CASSOULET

Toulouser Bratwurst
x 4

weiße Bohnen
1 große Dose (800 g)

stückige Tomaten
1 kleine Dose (400 g)

Bouquet garni
x 2

Knoblauch
8 Zehen

Zwieback
x 2

Salz, Pfeffer

Zubereitung: 5 Min.
Garzeit: 50 Min.

- Den Backofen auf 180 °C vorheizen.
- **Wurst** in Stücken, abgetropfte **Bohnen**, **Knoblauchzehen**, **Bouquets garnis** und **Tomaten** in eine Auflaufform geben.
- Salzen, pfeffern, mit **Zwiebackbröseln** bedecken. 25 Minuten schmoren. Umrühren und weitere 25 Minuten schmoren. Sehr heiß servieren.

ROTKOHLEINTOPF

Rotkohl
x ½

Räucherspeck
2 dicke Scheiben

Bouquet garni
x 3

Saucisse de Morteau
x 1

Kartoffeln
x 4 (mittelgroß)

Salz, Pfeffer

: 4–6

Zubereitung: 10 Min.
Garzeit: 1 Std. 25 Min.

• Grob zerteilten **Rotkohl, Wurst** in Stücken (oder geräucherte Mettwurst), halbierte **Speckscheiben** und **Bouquetsgarnis** mit 1,2 Liter Wasser in einen Topf geben. Salzen, pfeffern und mit Deckel 1 Stunde bei schwacher Hitze köcheln lassen.

• Geschälte und gewürfelte **Kartoffeln** zufügen. Weitere 25 Minuten kochen lassen und servieren.

SCHWEINEKARREE MIT SENF

Schweinekarree
x 1 (10 Rippen)

grober Senf
4 EL

Möhren
x 5

Süßkartoffeln
x 2

Bouquet garni
x 4

rote Zwiebeln
x 3

Salz, Pfeffer

4 EL neutrales Öl

: 8

Zubereitung: 10 Min.
Garzeit: 1 Std. 30 Min.

- Den Backofen auf 200 °C vorheizen.
- Grob geschnittene **Möhren, Kartoffeln** und **Zwiebeln** in einer Ofenform verteilen, das **Schweinekarree** darauflegen.
- **Senf** und **Öl** vermischt auf das Fleisch streichen. **Bouquets garnis** und 300 ml Wasser dazugeben.
- Salzen, pfeffern und 1,5 Stunden schmoren.

SCHWEINEFILET MIT SALBEI UND SPECK

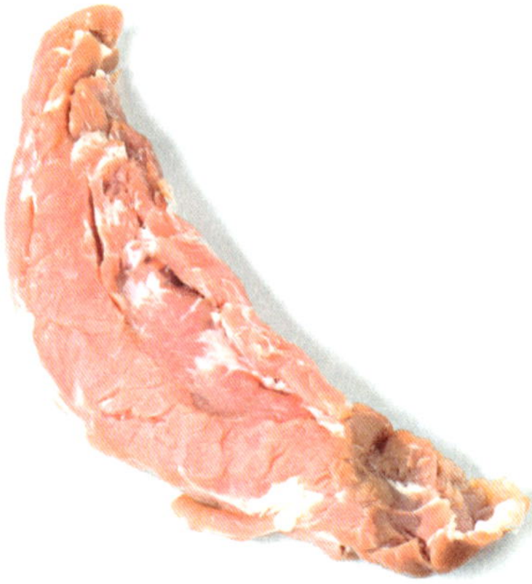

Schweinefilet
x 1 (ca. 700 g)

Bauchspeck
8 dünne Scheiben

Salbei
10 Blätter

Zubereitung: 5 Min.
Garzeit: 40 Min.
Ruhezeit: 2 Min.

- Den Backofen auf 180 °C vorheizen.
- **Filet** mit **Bauchspeckscheiben** und **Salbeiblättern** umwickeln. Mit 100 ml Wasser in eine Ofenform legen und 40 Minuten schmoren.
- 2 Minuten ruhen lassen. In dicke Scheiben geschnitten servieren.

MIESMUSCHELN MIT KOKOS UND ESTRAGON

Miesmuscheln
2 l

Kokosmilch
400 ml

Estragon
1 Bund

Zubereitung: 5 Min.
Garzeit: 5–8 Min.

- **Kokosmilch** und **Muscheln** in einen großen Schmortopf geben. Bei starker Hitze 8 Minuten unter Rühren kochen, bis sie sich öffnen.
- Den Herd abschalten. Den klein geschnittenen **Estragon** dazugeben und untermischen, die Miesmuscheln servieren.

GARNELEN MIT KNOBLAUCH UND BASILIKUM

rosa Garnelen
x 20 (roh)

Basilikum
1 Bund

süße Sojasauce
2 EL

Knoblauchpulver
2 TL

Salz, Pfeffer

2 EL neutrales Öl

Zubereitung: 5 Min.
Marinieren: 30 Min.
Garzeit: 2 Min.

- Geschälte **Garnelen** 30 Minuten mit **Knoblauch, Sojasauce** und 2 EL **Öl** marinieren.
- Kurz vor dem Servieren die **Garnelen** mit der Marinade 1 Minute in einer Pfanne garen. Den Herd abschalten.
- **Basilikum** dazugeben, untermischen und servieren.

HUMMER À L'ARMORICAINE

Hummer
x 2 (roh)

Cognac
5 EL

stückige Tomaten
1 große Dose (800 g)

Knoblauch
1 Zehe

Estragon
5 Zweige

Weißwein
½ Flasche

Salz, Pfeffer

2 EL neutrales Öl

Zubereitung: 20 Min.
Garzeit: 18 Min.

- **Hummer** 2 Minuten in kochendes Wasser tauchen. Vierteln, die Scheren mit einem Hammer aufbrechen.
- **Hummerstücke** in **Öl** im Topf anbraten. Mit **Cognac** 1 Minute kochen lassen. **Wein**, gehackten **Knoblauch, Estragon** und **Tomaten** dazugeben. Salzen und pfeffern.
- 15 Minuten sanft köcheln lassen und servieren.

GARNELEN IN SOJASAUCE

rosa Garnelen
250 g (roh)

Paprikaschoten
x 2

Knoblauch
4 Zehen

Sojasauce
4 EL

Sojasprossen
400 g

Pfeffer

2 EL neutrales Öl

Zubereitung: 10 Min.
Garzeit: 11 Min.

- **Paprikaschoten** in dünnen Streifen, zerdrückten **Knoblauch**, geschälte **Garnelen** und **Sojasprossen** in **Öl** 8 Minuten braten.
- **Sojasauce** dazugeben, unterrühren und weitere 3 Minuten kochen lassen.
- Pfeffern und sofort servieren.

GESCHMORTE LOTTE-BÄCKCHEN

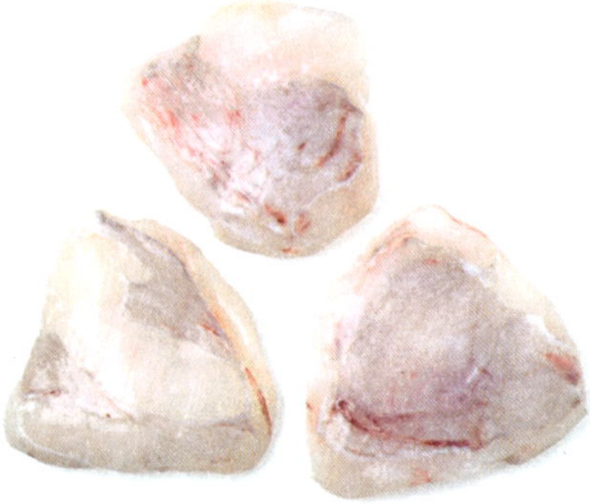

Lotte-Bäckchen
500 g

Rotwein
1 Flasche

Bouquet garni
x 2

Speckwürfel
180 g

Mehl
1 EL

Salz, Pfeffer

1 EL neutrales Öl

Zubereitung: 5 Min.
Garzeit: 45 Min.

- **Lotte-Bäckchen** und **Speck** in einem Schmortopf in 1 EL **Öl** anbraten. **Mehl** aufstäuben und einrühren, **Rotwein** und die **Bouquets garnis** dazugeben. 45 Minuten bei schwacher Hitze ohne Deckel köcheln lassen.
- Salzen, pfeffern und servieren.

GEWÜRZTE DORADENFILETS

Doradenfilet
x 4 (mit Haut)

Tomaten
x 2

Kapern
2 EL (50 g)

getrockneter Oregano
1 EL

schwarze Oliven
x 20 (griechisch, mariniert)

Olivenöl
2 EL

Salz, Pfeffer

Zubereitung: 5 Min.
Backzeit: 15 Min.

- Den Backofen auf 180 °C vorheizen.
- **Doradenfilets** in einer weiten Ofenform verteilen, **Tomaten** in Stücken, **Kapern, Oliven, Oregano** und **Olivenöl** dazugeben. Salzen und pfeffern.
- 15 Minuten schmoren und in der Form servieren.

GEFÜLLTE MIESMUSCHELN

Miesmuscheln
x 32 (groß)

Thymian
2 Zweige

Wurstbrät
160 g

stückige Tomaten
1 kleine Dose (400 g)

Weißwein
200 ml

Pfeffer

Zubereitung: 20 Min.
Garzeit: 20 Min.

- Den Backofen auf 180 °C vorheizen.
- **Wein** und **Muscheln** in einem Schmortopf aufkochen, bis sie sich öffnen. In jede leicht geöffnete Muschel etwas **Wurstbrät** geben und zubinden.
- Mit Schmorsaft, **Tomaten** und **Thymian** in eine Ofenform geben, pfeffern. 20 Minuten im Ofen schmoren. Sofort servieren.

DORADE AUF TOMATENBETT

Dorade (ganz)
x 1 (900 g)

bunte Tomaten
1 kg

Knoblauch
3 Zehen

Thymian
1 Bund (klein)

Olivenöl
150 ml

Salz, Pfeffer

Zubereitung: 5 Min.
Ziehzeit: 30 Min.
Backzeit: 30 Min.

- **Thymian** und angedrückten **Knoblauch** mit **Öl** in einem Topf 5 Minuten sanft köcheln und dann 30 Minuten ziehen lassen. Den Backofen auf 200 °C vorheizen.
- **Tomaten** in Scheiben in eine Ofenform legen. **Dorade** daraufsetzen, salzen, pfeffern, mit dem **Thymian-Knoblauch-Öl** beträufeln. 25 Minuten im Ofen schmoren. In der Form servieren.

LACHS MIT SAUERAMPFER-SAHNESOSSE

Lachsschnitten
x 4 (mit Haut)

Spinatblätter
50 g

Sahne
330 ml

Sauerampfer
2 Bund

Salz, Pfeffer

etwas Olivenöl

Zubereitung: 10 Min.
Backzeit: 10 Min.

- Den Backofen auf 200 °C vorheizen.
- **Lachs** in eine Ofenform setzen, für 10 Minuten in den Ofen geben.
- **Sahne** aufkochen, **Spinat** und **Sauerampfer** dazugeben. Mit dem Stabmixer grob pürieren. Salzen, pfeffern.
- Sauce über die **Lachsschnitten** geben. Mit **Olivenöl** beträufeln.

MAKRELE IN WEISSWEIN

Makrelenfilets
x 4 (große oder 8 kleine)

Tomaten
x 2

Weißwein
300 ml

Rosmarin
2 Zweige

Salz, Pfeffer

Zubereitung: 5 Min.
Garzeit: 20 Min.

• Den Backofen auf 200 °C vorheizen.
• **Wein,** klein gewürfelte **Tomaten** und grob zerteilten **Rosmarin** in einem Topf aufkochen.
• **Makrelen** in eine Ofenform geben. **Wein-Tomaten-Mischung** darübergießen.
• Salzen, pfeffern. 15 Minuten im Ofen schmoren. Lauwarm servieren.

MERLANFILET MIT GRAPEFRUIT

Merlanfilet
x 4

Erbsen
250 g (tiefgekühlt, aufgetaut)

Grapefruitsaft
100 ml

Olivenöl
2 EL

Kirschtomaten
x 20

Basilikum
½ Bund

Salz, Pfeffer

Zubereitung: 5 Min.
Backzeit: 15 Min.

- Den Backofen auf 200 °C vorheizen.
- **Merlanfilets** in eine Ofenform legen, halbierte **Tomaten, Erbsen, Olivenöl** und **Grapefruitsaft** dazugeben. Salzen, pfeffern und 15 Minuten im Ofen schmoren.
- **Basilikum** untermischen und servieren.

WOLFSBARSCH IN ANIS-SALZKRUSTE

Wolfsbarsch
x 1 (1,3 kg; ausgenommen)

grobkörniges Salz
500 g

Anissamen
2 EL

Butter
100 g

Sternanis
x 5

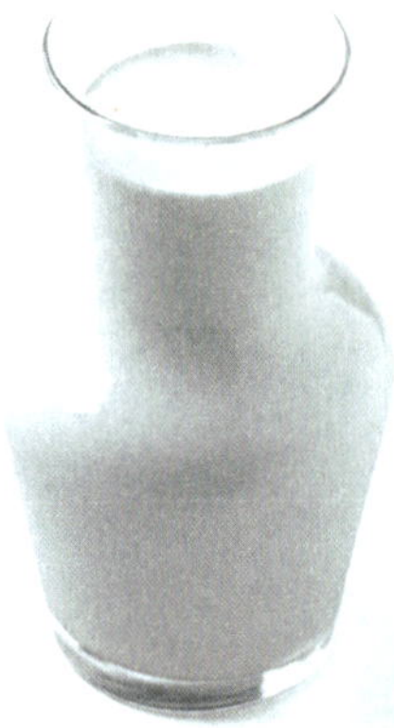

Sahne
200 ml

Salz, Pfeffer

Zubereitung: 10 Min.
Backzeit: 40 Min.

- Den Backofen auf 200 °C vorheizen.
- Grobes **Salz** mit **Anissamen** mischen. **Barsch** auf ein Backblech legen, mit dem **Salz** bedecken und 40 Minuten im Ofen garen.
- **Sahne** mit **Sternanis** aufkochen. Unter Rühren 20 Sekunden kochen, vom Herd nehmen. **Butter** unterschlagen, salzen, pfeffern. **Salzkruste** abklopfen, die Sauce zum **Fisch** servieren.

TINTENFISCH ORIENTALISCHE ART

Pulpo
x 1 (gesäubert)

Möhren
x 2

Kichererbsen
60 g (Dose)

Rüben
x 3

Ras-el-Hanout
1 EL

Stangensellerie
2 Stangen

Zubereitung: 10 Min.
Garzeit: 1 Std.

- **Pulpo** grob zerkleinern. **Möhren**, **Rüben** und **Sellerie** in Stücke schneiden.
- Alles mit **Ras-el-Hanout** und den abgetropften **Kichererbsen** in einen Schmortopf geben und mit Wasser bedecken. Mit Deckel 1 Stunde bei schwacher Hitze köcheln lassen.
- Dazu Couscous servieren.

OFENSARDINEN MIT HARISSA

Sardinen
x 32

Harissa
4 TL

Couscous
4 EL

Olivenöl
4 EL

Zubereitung: 5 Min.
Garzeit: 20 Min.

- Den Backofen auf 200 °C vorheizen.
- **Harissa** mit **Couscous** und **Olivenöl** vermengen und auf den **Sardinen** verteilen.
- 20 Minuten im Ofen garen und servieren.

SCHOLLE MÜLLERIN MIT CURRY

Scholle
x 2 (filetiert)

Currypulver
2 EL

Butter
50 g

Koriandergrün
1 Bund

2 TL neutrales Öl

Zubereitung: 5 Min.
Garzeit: 5 Min.

- **Schollenfilets** in **Curry** wälzen. In **Butter** und 2 TL **Öl** in einer Pfanne garen.
- Klein geschnittenen **Koriander** darüberstreuen und servieren.

SENF-KABELJAU IN PERGAMENT

Kabeljaufilet
x 1 (800 g)

Tomate
x 1

Estragon
4 Zweige

grober Senf
2 EL

Salz, Pfeffer

Zubereitung: 10 Min.
Garzeit: 15 Min.

- Den Backofen auf 200 °C vorheizen.
- **Kabeljau** in vier Stücke zerteilen und mit der in Stücke geschnittenen **Tomate, Senf** und **Estragon** auf vier Stücke Pergamentpapier verteilen. Salzen und pfeffern, Papier verschließen.
- 15 Minuten im Ofen garen. Päckchen öffnen und servieren.

LACHSCRUMBLE MIT ESTRAGON

Lachsschnitten
x 4 (mit Haut)

Mehl
100 g

Butter
100 g (weich)

Parmesanspäne
100 g

getrockneter Estragon
1 EL

Zubereitung: 5 Min.
Garzeit: 15 Min.

- **Mehl, Butter, Estragon** und **Parmesan** mischen, bis eine krümelige Masse entsteht.
- **Lachs** in eine Ofenform legen und mit der krümeligen Masse bedecken.
- 15 Minuten im Ofen garen, sehr heiß servieren.

FISH AND CHIPS

Kabeljaufilet
x 1 (800 g; ohne Gräten)

Bier
100 ml

Mehl
100 g

gemischte Kräuter
1 Bund

Mayonnaise
4 EL

Eier
x 2 (getrennt)

1 l Frittierfett

Zubereitung: 15 Min.
Garzeit: 8 Min.

- Den **Kabeljau** in Stücke zerteilen. Die **Eiweiße** zu Schnee schlagen. **Mehl, Bier** und **Eigelbe** vermischen, den **Eischnee** unterziehen.
- Das **Fett** erhitzen. **Fisch** im Teig wälzen und frittieren.
- **Kräuter** hacken und mit der **Mayonnaise** vermischen. Zum frittierten **Fisch** servieren. Dazu schmecken Pommes frites.

SUPERSAFTIGER SCHOKOKUCHEN

dunkle Schokolade
200 g + 4 Stückchen

Butter
200 g + 20 g (für die Form)

Zucker
200 g

Eier
x 6 (getrennt)

Mehl
10 g

Zubereitung: 20 Min.
Backzeit: 40 Min.

- Backofen auf 160 °C vorheizen. Hälfte des **Zuckers** mit **Eigelben** verrühren, **Mehl** zugeben. **Schokolade** mit **Butter** schmelzen. Mit Eigelbmasse verrühren. **Eiweiße** zu Schnee schlagen, übrigen **Zucker** einrühren. 5 Sekunden rühren, **Schokolade** zufügen. In gebutterter Kuchenform 40 Minuten backen. Heiß stürzen.
- Abgekühlt mit **Schokostückchen** verzieren.

MELONE UND ERDBEEREN IN SIRUP

Melonen
x 2 (mittelgroß)

Erdbeeren
x 20

Minze
½ Bund

Roséwein
½ Flasche

Würfelzucker
5 Stück

Zubereitung: 10 Min.
Garzeit: 20 Min.
Kühlzeit: 1 Std.

- **Wein** mit **Zucker** etwa 20 Minuten bei schwacher Hitze ohne Rühren auf drei Viertel einkochen. **Minze** zufügen. 1 Stunde im Kühlschrank ziehen lassen.
- **Melone** halbieren, Fruchtfleisch auslösen und mit klein geschnittenen **Erdbeeren** sowie dem Sirup vermischen. Das Obst mit dem Würzwein in den Melonenschalen servieren.

SCHOKOLADEN-WALNUSS-BROWNIES

dunkle Schokolade
240 g

Butter
150 g

Walnusskerne
x 20

Mehl
60 g

Eier
x 2

Zubereitung: 10 Min.
Backzeit: 10 Min.

- Den Backofen auf 200 °C vorheizen.
- **Butter** und **Schokolade** im Wasserbad schmelzen.
- **Mehl** untermischen. Verquirlte **Eier** und zerkleinerte **Nüsse** zufügen. Teig in eine mit angefeuchtetem Backpapier ausgelegte Backform gießen. 10 Minuten backen. Abgekühlt servieren.

APFEL-ZIMT-STRUDEL

Mürbeteig
2 Rollen

Äpfel
x 4

Butter
50 g

Zimt
2 TL

Zucker
4 EL

Zubereitung: 10 Min.
Backzeit: 40 Min.

- Den Backofen auf 180 °C vorheizen.
- **Teigscheiben** übereinanderlegen. Geschälte **Äpfel** in Stücken, Hälfte des **Zuckers** und **Zimt** daraufgeben. **Teig** aufrollen, Naht gut verschließen, Ränder umklappen. **Butterstückchen** und übrigen **Zucker** auf den Strudel in einer Ofenform geben. 40 Minuten backen. Abkühlen lassen.

KLASSISCHES TIRAMISU

Espresso
100 ml (kalt)

Mascarpone
250 g

Kakaopulver
2 EL

Löffelbiskuits
x 18

Zucker
40 g

Eier
x 3

Zubereitung: 10 Min.
Kühlzeit: 2 Std.

- **Eier** trennen. **Eigelbe** mit **Zucker** zu Schaum verrühren. **Mascarpone** unterschlagen.
- **Eiweiße** zu sehr festem Schnee schlagen, unter die Creme ziehen.
- **Biskuits** mit **Kaffee** tränken und abwechselnd mit der Creme in eine Form schichten. 2 Stunden kühl stellen. Mit **Kakao** bestäuben und servieren.

APFELTARTE

Blätterteig
1 Rolle

Äpfel
x 2 (groß)

Butter
75 g

Zucker
5 EL

Puderzucker

Zubereitung: 5 Min.
Backzeit: 40 Min.

- Backofen auf 180 °C vorheizen. **Teig** mit seinem Backpapier auf einem Backblech ausbreiten.
- **Äpfel** in dünnen Scheiben auf den Teig legen, kleine **Butterstückchen** dazugeben, mit **Zucker** bestreuen.
- 40 Minuten im Ofen überbacken. Mit **Puderzucker** bestreuen und servieren.

ZITRONENKUCHEN

Butter
200 g

Hefe
200 g

Eier
x 3

Trockenhefe
½ Päckchen

Zitronen
x 3 (davon 2 Bio-Früchte)

Puderzucker
100 g + 10 EL

: 4–5

Zubereitung: 10 Min.
Backzeit: 25 Min.
Wartezeit: 10 Min.

- Backofen auf 180 °C vorheizen. **Mehl, Hefe** und 100 g **Puderzucker** mischen. Mit geschmolzener **Butter,** Schale und Saft von 2 **Bio-Zitronen** sowie verquirlten **Eiern** verrühren.
- Teig in einer Backform 25 Minuten backen.
- Übrigen **Zucker** mit dem Saft der übrigen **Zitrone** mischen. Glasur über den Kuchen geben. 10 Minuten ruhen lassen.

BEERENKALTSCHALE MIT MELONE

gemischte Waldbeeren
3 Schalen (375 g)

Bio-Limetten
x 2

Wassermelone
200 g

Puderzucker
4 EL

Erdbeeren
1 Schale (250 g)

Zubereitung: 10 Min.
Kühlzeit: 15 Min.

• **Wassermelone** in Stücke schneiden und mit **Waldbeeren** und **Erdbeeren** mischen. **Puderzucker** sowie **Limettensaft** und sehr fein abgeriebene **Limettenschale** dazugeben.
• 15 Minuten kühl stellen. Behutsam verrühren und servieren.

KINDERLEICHTE TARTE TATIN

Blätterteig
1 Rolle

Äpfel
x 6

Butter
40 g

Zucker
6 EL

Zubereitung: 10 Min.
Backzeit: 40 Min.

- Backofen auf 180 °C vorheizen. **Äpfel** schälen, putzen und achteln. In einer Pfanne mit **Butter** und **Zucker** 5 Minuten anbräunen. **Teig** in einer Tarteform ausbreiten. Lauwarme **Äpfel** auflegen, mit einem Löffel etwas andrücken.
- Tarte Tatin 35 Minuten backen. Lauwarm oder kalt servieren.

CRÈME CARAMEL

Puderzucker
200 g

Eier
x 8 (5 ganze + 3 Eigelb)

Vollmilch
1 l

Vanilleschote
x 1

Würfelzucker
25 Stück

Zubereitung: 10 Min.
Backzeit: 1 Std. 15 Min.
Kühlzeit: 12 Std.

• Backofen auf 150 °C vorheizen. **Zuckerwürfel** in 50 ml Wasser karamellisieren. In eine Backform gießen. Alle **Eier** mit **Puderzucker** verrühren. **Milch** mit ausgekratztem **Vanillemark** aufkochen. Sofort über die **Eier** gießen, mischen, in die Form geben. Im Ofen 1 Stunde im Wasserbad garen. Über Nacht kühl stellen, stürzen.

SCHOKOLADENMOUSSE

dunkle Schokolade
200 g

Eier
x 6

Zubereitung: 10 Min.
Kühlzeit: 2 Std.
Garzeit: 5 Min.

- **Eier** trennen. **Schokolade** im Wasserbad schmelzen und mit den **Eigelben** mischen.
- Die **Eiweiße** zu Eischnee schlagen und behutsam unter die geschmolzene **Schokolade** ziehen.
- Die Mousse auf vier Förmchen verteilen und 2 Stunden im Kühlschrank fest werden lassen.

APRIKOSEN-MANDEL-KUCHEN

Mürbeteig
1 Rolle

Aprikosen
x 6

Zuckermandeln
x 20

Puderzucker
2 EL

Zubereitung: 5 Min.
Backzeit: 25 Min.

- Den Backofen auf 180 °C vorheizen.
- **Teig** mit seinem Backpapier auf einem Backblech ausbreiten. In der Mitte des Teiges die geviertelten **Aprikosen** und zerkleinerten **Zuckermandeln** verteilen. Teigränder auf die Füllung klappen. Mit **Puderzucker** bestreuen. 25 Minuten backen.

MILLEFEUILLE MIT KAKAO

Blätterteig
1 Rolle

Kakaopulver
6 EL

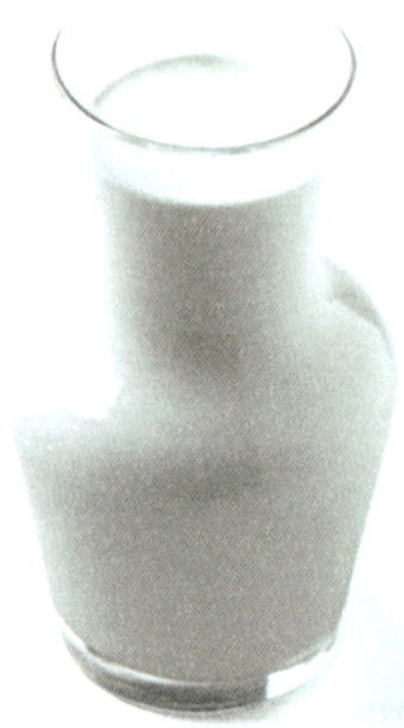

Schlagsahne
330 ml

Mascarpone
1 EL (50 g, eiskalt)

Puderzucker
4 EL

Zubereitung: 15 Min.
Backzeit: 12 Min.

- Backofen auf 180 °C vorheizen. **Teig** mit seinem Backpapier auf einem Blech ausbreiten.
- 3 EL **Puderzucker** aufstreuen, 12 Minuten backen. **Sahne** mit **Mascarpone** aufschlagen, 4 EL **Kakao** und Zuckerrest unterrühren. 20 Sekunden schlagen.
- Teig in 3 Streifen schneiden, Creme hineinstreichen. Übrigen **Kakao** aufstreuen.

PFIRSICHE IN ANISWEIN

gelbe Pfirsiche
x 4

Würfelzucker
20 Stück

Sternanis
x 8

Rotwein
1 Flasche

Zubereitung: 5 Min.
Garzeit: 20 Min.
Kühlzeit: 2 Std.

- Die **Pfirsichhaut** leicht einritzen und die **Pfirsiche** mit **Sternanis, Zuckerwürfeln** und **Rotwein** in einen Topf geben. Alles aufkochen und 15 Minuten bei schwacher Hitze köcheln lassen.
- 2 Stunden in den Kühlschrank stellen, dann servieren.

SCHOKOKIRSCHEN MIT KOKOS

dunkle Schokolade
1 Tafel (100 g)

Kirschen
x 20

Kokosraspel
6 EL

Zubereitung: 5 Min.
Garzeit: 1 Min.
Kühlzeit: 30 Min.

- **Schokolade** im Wasserbad (oder 1 Minute in der Mikrowelle) schmelzen. **Kirschen** zuerst in die Schokolade, dann in die **Kokosraspel** tauchen.
- **Kirschen** auf einem Teller 30 Minuten kühl stellen und servieren.

SCHOKO-MINZ-SANDROSEN

dunkle Schokolade
1 Tafel (100 g)

Cornflakes
130 g

Minze
10 Blätter

Zubereitung: 5 Min.
Garzeit: 1 Min.
Kühlzeit: 1 Std.

- **Schokolade** im Wasserbad (oder 1 Minute in der Mikrowelle) schmelzen. Mit **Cornflakes** sowie zerkleinerten **Minzeblättern** vermischen.
- Gleichmäßige Portionen auf eine große Platte setzen.
- 1 Stunde kühl stellen, dann servieren.

INHALT

DESSERTS

REGISTER

L

M

N

W

Z

ISBN: 978-3-86355-580-1

SIMPLISSIME

AUSSERDEM IN DER REIHE ERHÄLTLICH:

DAS EINFACHSTE KOCHBUCH DER WELT: 200 NEUE REZEPTE
ISBN 978-3-86355-846-8

DAS EINFACHSTE KOCHBUCH DER WELT – DELUXE
ISBN 978-3-86355-782-9

DAS EINFACHSTE KOCHBUCH DER WELT – LIGHT
ISBN 978-3-86355-716-4

DAS EINFACHSTE DESSERTBUCH DER WELT
ISBN 978-3-86355-825-3

DAS EINFACHSTE COCKTAILBUCH DER WELT
ISBN 978-3-86355-813-0

DAS EINFACHSTE NÄHBUCH DER WELT
ISBN 978-3-86355-794-2

Bibliografische Information der Deutschen Bibliothek.

Die Deutsche Bibliothek verzeichnet diese Publikation in der Deutschen Nationalbibliografie.
Detaillierte bibliografische Daten sind im Internet über http://www.d-nb.de/ abrufbar.

EIN BUCH DER EDITION MICHAEL FISCHER

1. Auflage 2017

Erstveröffentlicht bei Hachette Livre (Hachette Pratique).

Titel der Originalausgabe: Simplissime: Le livre de cuisine le + facile du monde 2

Aus dem Französischen über
Grafik-Design und Layout: Marie-Paule Jaulme

+ Celina Reiser

ISBN

Printed in Europe

www.emf-verlag.de